ZEITREISE
MANNHEIM

FÜR KATHARINA

JÖRG KOCH

ZEITREISE MANNHEIM

Menschen, Orte und Ereignisse,
die Geschichte schrieben

SILBERBURG

INHALT

Vorwort 8

1. 764

   Älter als Mannheim: Sandhofen 11

2. 1247

   Am Zusammenfluss zweier Flüsse 12

3. 1416

   Gegenpapst in Lindenhof inhaftiert 16

4. 1462

   Schlacht bei Seckenheim 19

5. 1607

   Gründung der Quadratestadt 20

6. 1613

   Maimarkt – ein Markt mit Tradition 23

7. 1632

   Feudenheim und das älteste Gasthaus 24

8. 1679

   Das älteste Unternehmen: Eichbaum 27

9. 1682

   Hugenotten gründen Friedrichsfeld 28

10. 1720

    Grundsteinlegung des Schlosses 31

11. 1742

    Carl Philipp arrangiert zwei Ehen 32

12. 1743

    Die Mannheimer Schule 35

13. 1745

    Karlstern: Karl Theodors Jagdrevier 36

14. 1763

    Mozart sammelt Erfahrungen 39

15. 1769

    Aufstellung des Marktplatzbrunnens 43

16. 1774

    Sternwarte und Mannheimer Stunden 47

Der Neckar: Blick von der Kurpfalzbrücke flussaufwärts zum Collini-Steg.

1782

Uraufführung der »Räuber« 51

1803

Ein geologischer Entdecker 52

1817

Präsentation des ersten Zweirads 55

1819

Kotzebue und sein Mörder 56

1840

Volldampf voraus: die Eisenbahn 59

1842

Denkmäler auf dem Hauptfriedhof 60

1848

Veteranen ehren sich 63

1865

Engelhorn gründet die BASF 64

Ansicht des Rheinufers um 1900; hinter der Uferbebauung thront die Jesuitenkirche.

1867

Albert Bassermann betritt die Welt 67

1874

Baubeginn der Teufelsbrücke 71

1878

Straßenbahn zuerst mit Pferden 75

1888

Die Autofahrt der Bertha Benz 76

1889

Inbetriebnahme des Wasserturms 80

1892

Park mit vielen Attraktionen 83

1900

Bismarckdenkmal: zweimal eingeweiht 84

1903

Eröffnung des Rosengartens 88

1907

Von der Handelshochschule zur Uni ... 91

1907

Kunsthalle zum Stadtjubiläum 92

1909

Herstellung modernster Luftschiffe 96

1910

Julia Lanz, die erste Ehrenbürgerin 99

1910

Licht, Luft, Natur: die Gartenstadt 103

1920

Baden und Schwimmen im Jugendstil 107

1927

Planetarium zeigt »Sternentheater« ... 108

1935

Erstes deutsches Autobahndreieck ... 111

1943

Überleben in Bunkern 112

1957

Bereichernde Städtebeziehungen 115

1971

Cinema Quadrat: Qualitätskino 116

1990

Technoseum hält Erinnerung wach ... 119

Vita | Impressum | Dank 120
Bildnachweis | Literaturhinweise 121

Luftbild (1938) der Oststadt; im Vordergrund der Rosengarten.

VORWORT

Im Vergleich mit anderen Städten im Südwesten Deutschlands blickt Mannheim, als Stadt offiziell 1607 gegründet, auf eine überschaubare Geschichte zurück. Seit 1720 Residenzstadt der Kurpfalz, entwickelte sich Mannheim unter Kurfürst Karl Theodor Mitte des 18. Jahrhunderts zu einem kulturellen und wissenschaftlichen Zentrum am Oberrhein. In diesen Jahren entstanden zahlreiche prachtvolle Barockbauten, Mannheim galt als schönste und regelmäßigste Stadt Deutschlands. An diese ruhmreiche Epoche erinnern die Jesuitenkirche, die Sternwarte, allen voran das stadtbildprägende Schloss, eine der größten Schlossanlagen der Welt. Bereits damals war die Lebensqualität hoch. Der Arzt Franz Anton Mai empfahl im ausgehenden 18. Jahrhundert den Bewohnern der Stadt das Baden im Rhein aus gesundheitlichen und hygienischen Gründen, in der Folge entstanden hier die ersten Fluss-Schwimmbäder Deutschlands. Auch andere Innovationen starteten in der Quadratestadt ihren Siegeszug um die Welt, immerhin wurden in Mannheim das Fahrrad und das Auto, später auch das sensationelle Spaghettieis erfunden. Die Spurensuche ist zwar schwierig, da die Innenstadt im Zweiten Weltkrieg weitgehend zerstört wurde, doch es lohnt sich, Mannheim zu entdecken. Die zweitgrößte Stadt Baden-Württembergs, unangefochtene Metropole der Rhein-Neckar-Region mit mehr als zwei Millionen Einwohnern, bietet nicht nur sehenswerte Überbleibsel der Vergangenheit, sie ist zugleich eine moderne Stadt, ein Ort hoher Lebensqualität – dank international tätiger Unternehmen, der Universität, einer vorbildlichen Infrastruktur sowie einer lebendigen Musik- und Kulturszene. Einmalig ist die Popakademie, Talentschmiede für Musiker sämtlicher Genres.

In den folgenden 44 Kapiteln wird ein repräsentativer Ausschnitt dieser reichhaltigen Geschichte Mannheims dargestellt. Dem aufmerksamen Leser wünsche ich ein unterhaltsames Vergnügen voller Entdeckungen und Überraschungen.

Jörg Koch

Die Panoramakarte »Der Rhein von Speyer bis Mainz« (1842) zeigt auch die Sehenswürdigkeiten Mannheims wie Schloss, Sternwarte, Jesuitenkirche.

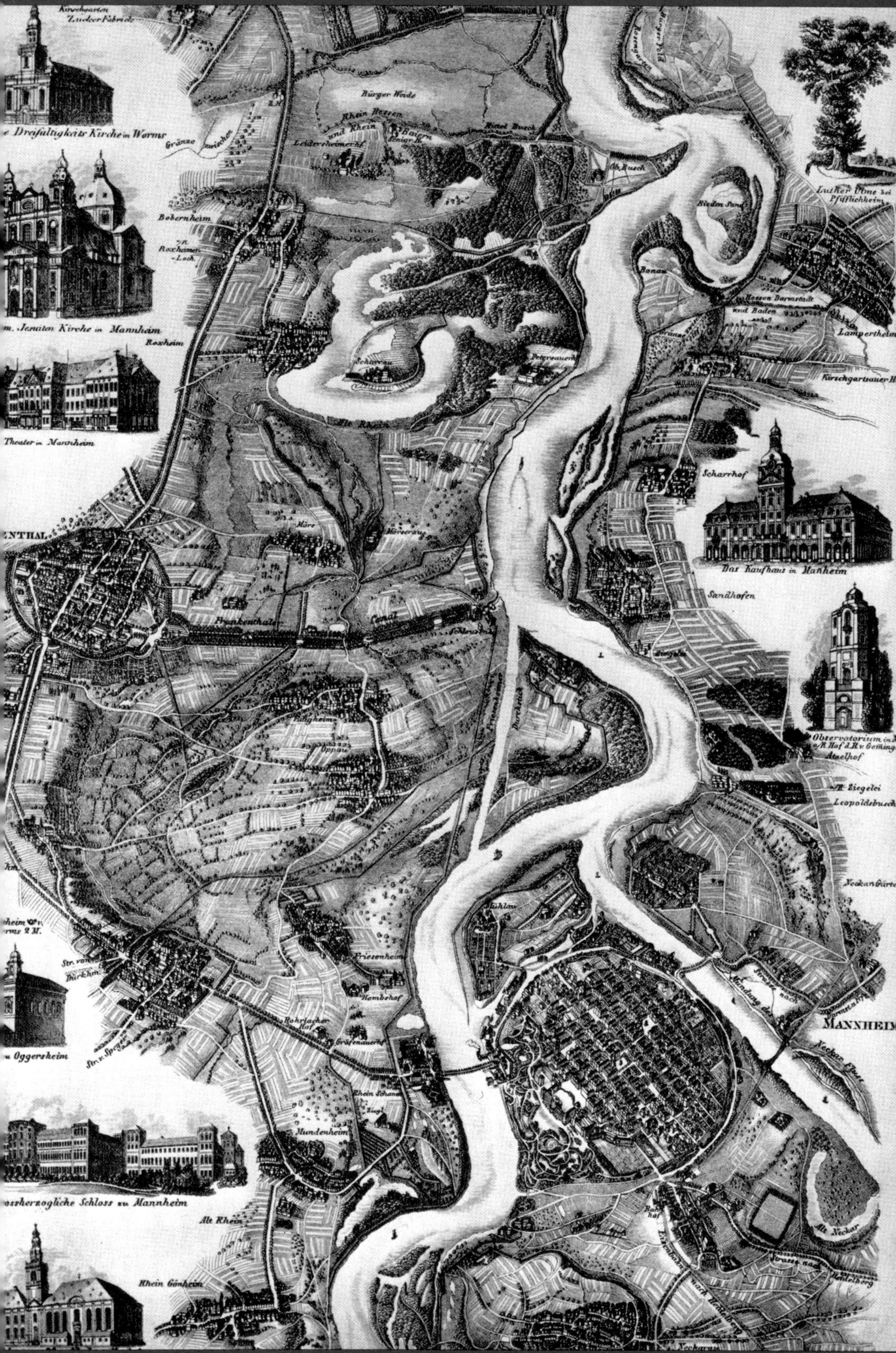
e Dreifaltigkeits Kirche in Worms
m. Jesuiten Kirche in Mannheim
Theater in Mannheim
Luther Ulme bei Pfiffligheim
Das Kaufhaus in Mannheim
u Oggersheim
rossherzogliche Schloss zu Mannheim
Bürger Weide
Bobenheim
Roxheim
Lampertheim
Scharrhof
Sandhofen
Frankenthaler Canal
Edigheim
Oppau
Leopoldsbusch
Neckargärten
Friesenheim
Mundenheim
MANNHEIM
Neckar Fluss
Alt Neckar
Alt Rhein
Rhein Gönheim

764

Älter als Mannheim: Sandhofen

Mannheim besteht aus 17 Stadtbezirken, die insgesamt 38 Stadtteile umfassen. Hinsichtlich ihrer Struktur, Größe und Geschichte sind sie sehr unterschiedlich. Manche Stadtteile wie die Oststadt entstanden erst im Zuge der Stadterweiterung ab Mitte des 19. Jahrhunderts oder sind, wie Vogelstang, ein Konstrukt der Nachkriegszeit. Andere sind viel älter.

Die Stadtbezirke Neckarau und Seckenheim blicken auf eine jahrhundertealte Geschichte zurück. Das trifft auch auf Sandhofen zu. Zumindest dem Namen nach kennen viele Bewohner der Rhein-Neckar-Region Sandhofen, weil hier ein bekanntes Einrichtungshaus ansässig ist. Der nördlichste Stadtbezirk liegt im »Dreiländereck« – an der Grenze zu Lampertheim/Hessen, auf der anderen Rheinseite liegt Ludwigshafen/Rheinland-Pfalz. Keimzelle der heute 14 000 Einwohner großen Gemeinde war Scharhof, bereits 764 in einer Urkunde des nahe gelegenen Reichsklosters Lorsch erwähnt. Als »Sunthove« wurde Sandhofen 888, also in karolingischer Zeit, aktenkundig. Der Name, so könnte man meinen, stehe mit dem hier tatsächlich erfolgten Sandabbau in Verbindung, doch bedeutet »sundar« im Althochdeutschen Süden, gemeint sind südlich gelegene Höfe. Zum Kloster Lorsch gehörte der Ort bis 1300, dann folgten mehrere Eigentümerwechsel, bis Sandhofen 1587 selbstständig wurde.

Durch den Dreißigjährigen Krieg (1618–1648) und den Pfälzischen Erbfolgekrieg (1688–1897) weitgehend entvölkert, gewann der Ort erst Anfang des 19. Jahrhunderts wieder an Bedeutung. Aus dieser Zeit stammt das 1810 errichtete Rathaus. Ab 1884, mit Eröffnung einer Zellstoff-Fabrik, die den Rohstoff zur Papierherstellung fertigte, profitierte der Ort von der Industrialisierung. 1913 wurde er nach Mannheim eingemeindet.

Sandhofens große Stunde schlug im Mai 1925 mit Einweihung des Flughafens Mannheim-Heidelberg-Ludwigshafen am Ort. Allerdings wurde der vom internationalen Flugverkehr genutzte Platz bereits 1926 nach Neuostheim (heute City-Airport) verlegt. Stattdessen wurde in Sandhofen ab 1937 ein Stützpunkt der Luftwaffe ausgebaut. Auf dem Gelände dieses Fliegerhorsts errichteten die Nationalsozialisten 1944 Außenstellen der Konzentrationslager Hinzert (Hunsrück) und Natzweiler-Struthof (Elsass). Einige Häftlinge mussten den durch einen Bombenangriff zerstörten Fliegerhorst instand setzen, die Mehrheit der überwiegend aus Polen verschleppten Männer war als Zwangsarbeiter bei Unternehmen der Region eingesetzt. 1990 wurde in der Gustav-Wiederkehr-Schule eine Gedenkstätte eröffnet. Nach dem Zweiten Weltkrieg nutzte jahrelang die US-Armee das Flugfeld.

Das 1810 errichtete Rathaus in Sandhofen.

1247

Am Zusammenfluss zweier Flüsse

Städte an großen Flüssen haben ein besonderes Flair, das Wasser zieht stets magisch an. Das trifft auch auf Mannheim zu. Ohne den Rhein als Verkehrsader hätte sich die Stadt nie zur Industriemetropole entwickeln können. Heute zählt der Mannheimer Hafen zu den bedeutendsten Häfen Europas.

Mit der Rheinregulierung Mitte bis Ende des 19. Jahrhunderts (Durchstiche bei Altrip und Friesenheim) nach Plänen des badischen Ingenieurs Johann Gottfried Tulla (1770–1828) waren der Ausbau des Hafens und eine verbesserte Schiffbarmachung des Flusses verbunden. Zugleich entstand mit der Stadterweiterung um 1900 die Bebauung der Rheinfront im Stadtteil Lindenhof (Waldparkstraße und Umgebung) mit repräsentativen Wohngebäuden im Stil der Gründerzeit und des Jugendstils. Hier auch befindet sich mit dem Stephanienufer der idyllischste Rheinabschnitt der Stadt. Benannt nach Großherzogin Stephanie von Baden (1789–1860), Nichte der Joséphine de Beauharnais (1763–1814) und Adoptivtochter Kaiser Napoleons I. (1769–1821), und einst von ihr als Promenade entlang des Rheins zwischen Schlossgarten und Neckarauer Waldpark angelegt, ist dieses Ufer ein beliebtes Ausflugsziel und Teil des 1230 Kilometer langen Rheinradwegs. Stephanie, seit 1806 mit Karl von Baden verheiratet (1786–1818), lebte nach dem Tod des Großherzogs im Schloss; 1832 schenkte sie die Anlage der Stadt. Seit 1919 ist die Promenade in Lindenhof nach Stephanie benannt, der nördliche Abschnitt im Schlossgarten wird als Rheinpromenade bezeichnet. Wenige Meter nördlich, rund 300 Meter unterhalb der Konrad-Adenauer-Brücke und bei Rheinkilometer 424,7, steht seit 2011 der Mannheimer Rheinpegel. Bis zu einem Wasserstand von 760 Zentimetern ist der Fluss schiffbar. Zwischen Dezember 1882 (917 Zentimeter) und Juni 2013 (835 Zentimeter) fanden acht weitere bedrohliche Hochwasserereignisse statt. Genauso unerwünscht ist Niedrigwasser, das ebenfalls Auswirkungen auf die Schifffahrt hat; im Oktober 2018 lag der Pegelstand bei 85 Zentimetern.

Doch Mannheim liegt nicht nur am längsten Flusslauf Deutschlands, sondern auch am Neckar, der hier westlich der Friesenheimer Insel bei Rheinkilometer 428 nach 362 Kilometern als fünftgrößter Nebenfluss in den Rhein mündet (vor rund 2000 Jahren lag seine Mündung bei Trebur, circa 50 Kilometer nördlich). Der Neckar trennt die Innen- und Oststadt von den nordöstlich gelegenen Stadtbezirken Neckarstadt-West und -Ost sowie Wohlgelegen. Bedeutendster »Anlieger« auf nördlicher

▲ Ansichtskarte (1900) mit Innenstadt und Zusammenfluss von Neckar und Rhein.
▼ Der Rheinpegel bei Rheinkilometer 424,7, im Hintergrund die Konrad-Adenauer-Brücke.

Mannheim.
Rhein
Neckar

HGM Mannheim

UASC
BULKHAUL

Seite ist am Theodor-Kutzer-Ufer die Universitätsklinik Mannheim, deren Wurzeln in den 1922 eröffneten »Städtischen Krankenanstalten« liegen. Auf derselben Flussseite, zwischen Friedrich-Ebert-Brücke und Kurpfalz-Brücke, befinden sich ein zwischen 1975 und 1982 errichteter und bis zu 100 Meter hoher Komplex aus Hoch- und Terrassenhäusern sowie die Alte Hauptfeuerwache (1912), seit 1981 Kulturzentrum. Auf der innerstädtischen Seite, über einen Fußgängersteg verbunden, steht das 95 Meter hohe Collini-Center. Namensgeber des Wohn- und Büroturms ist der Schriftsteller Cosimo Alessandro Collini (1727–1806), Sekretär Karl Theodors und zuletzt Direktor der naturwissenschaftlichen Sammlung am kurfürstlichen Hof. Nur wenige Meter weiter westlich, hinter dem ebenfalls stadtbildprägenden MVV-Gebäude, bietet im Sommer auf 1500 Quadratmetern der Neckarstrand mit Liegestühlen, Strandbar und Cocktails Urlaubsgefühle. Ganz entspannt kann man dann den Ausflugsschiffen und Lastkähnen nachsehen und von der weiten Welt träumen – und das mitten in Mannheim.

Ein weiteres Erlebnis ist eine Hafenrundfahrt! Im fünftgrößten Binnenhafen Deutschlands mit seinen vier Häfen (Handelshafen, Rheinauhafen, Altrheinhafen, Industriehafen) werden chemische- und Mineralölerzeugnisse, Erze, Steine, Erde, Zement, Glas, Metalle, Maschinen et cetera verschifft. Bereits 1247 wurden Wasserzölle an der Neckarmündung erstmals urkundlich erwähnt. Der Ausbau zu einem Handels- und Stapelhafen erfolgte mit der Stadtgründung (1607). Der Anfang des 19. Jahrhunderts errichtete Freihafen wurde 1840 zu einem Inlands- und Auslandshafen erweitert, schon 1854 erhielt er einen Eisenbahnanschluss. Wie bedeutend der Mannheimer Hafen damals war, belegt die im Oktober 1868 durch die »Zentralkommission für die Rheinschifffahrt« verabschiedete »Mannheimer Akte«, die Grundsätze für den Schiffsverkehr auf dem Rhein aufstellte und bis heute gültig ist. Das internationale Abkommen regelte unter anderem die freie Schifffahrt, eine vereinfachte Zollabfertigung und die Einrichtung von Rheinschifffahrtsgerichten. Im Zuge der Industrialisierung wurde der Hafen kontinuierlich erweitert, an dem 1907 eröffneten Industriehafen siedelten sich zahlreiche Unternehmen an, zu dieser Zeit lag hier das größte Mühlenzentrum Deutschlands. Die Globalisierung des Warenverkehrs bestimmte auch den weiteren Ausbau des Hafens: Ende der 70er-Jahre wurden im 1968 in Betrieb genommenen Containerterminal mehr Container umgeschlagen als in allen anderen Binnenhäfen Deutschlands zusammen. Nach erneuten Erweiterungen zu Beginn des 21. Jahrhunderts erstrecken sich die Hafenanlagen an Land über eine Fläche von etwa 8 650 000 Quadratmeter. Das gesamte Hafengebiet wirkt wie eine Stadt für sich, es bietet rund 20 000 Arbeitsplätze. Mit seiner Größe und Umschlagsmenge ist der Mannheimer Hafen der wichtigste Hafen Südwestdeutschlands.

▲ Ansicht des Containerhafens. ▼ Blick auf die Strandbar zwischen Kurpfalzbrücke und Collini-Steg.

1416

Gegenpapst in Lindenhof inhaftiert

Schon lange gilt der Papst, Oberhaupt der katholischen Kirche, als unantastbare Autorität, doch im Mittelalter kam es mehrfach vor, dass der Pontifex maximus abgesetzt und gefangenen genommen wurde und dass es Gegenpäpste gab. Ein Gegenpapst war auch in Mannheim zu Besuch.

Als an die heutige Quadratestadt noch lange nicht zu denken war, befand sich im Lindenhof, in der Nähe des (heutigen) Stephanienufers, die Burg Eichelsheim, eine Mitte des 14. Jahrhunderts errichtete Zollburg (im Pfälzischen Erbfolgekrieg 1688 zerstört). Im Turm der Anlage war von Sommer 1416 bis Januar 1419 ein prominenter Gefangener zu Gast: Papst Johannes XXIII. Um 1370 als Baldassare Cossa in Neapel geboren, war er Kämmerer Papst Bonifatius' IX. (1350–1404), bevor dieser ihn zum Kardinal ernannte und er in dessen Auftrag in Bologna wirkte. Als Cossa dort im Mai 1410 zum Papst gekrönt wurde und den Namen Johannes XXIII. annahm, gab es mit Benedikt XIII. (in Avignon) und Gregor XII. (in Rom) bereits zwei Päpste.

Auf Betreiben des römisch-deutschen Königs Sigismund (1368–1437) sollte diese Kirchenspaltung, Abendländisches Schisma genannt, auf dem Konzil in Konstanz (1414/15) beendet werden. Johannes war bereit, zurückzutreten und so die Wahl eines neuen Papstes zu ermöglichen. Doch entgegen seiner Zusage hielt er an seiner Papstwürde fest und flüchtete als Knappe verkleidet nach Freiburg, wo ihn Sigismund im April 1415 verhaften ließ. Offiziell auf dem Konzil abgesetzt, kam er als Gefangener Kurfürst Ludwigs III. von der Pfalz (1378–1436) aufs Heidelberger Schloss, von dort im Sommer 1416 auf die Burg Eichelsheim. Über die Haftbedingungen am Rheinufer schrieb er: »Meine Unterkunft war beengt, ich schlief mit verkrümmten Gliedmaßen, mein Bett war zu kurz und ich musste schmutzige Kleider tragen. Nichts Gutes ist mir vom Pfalzgrafen widerfahren, sondern Gespött und mancherlei Kränkung hatte ich zu erdulden.«

Nach seiner Anfang 1419 erfolgten Begnadigung durch Papst Martin V. (1368–1431), mit dessen Wahl 1417 das Schisma beendet worden war, lebte er mit dem Titel eines Kardinalbischofs von Tusculum in Florenz, wo er im Dezember 1419 verstarb und in der Taufkirche des Doms bestattet wurde. Wenn auch nur ein (inhaftierter) Gegenpapst, so war Johannes XXIII. der einzige Papst, der sich bislang in Mannheim aufgehalten hat. Den Zeitgenossen unserer Tage begegnete er in der aufschlussreichen Ausstellung »Die Päpste und die Einheit der lateinischen Welt« in den Reiss-Engelhorn-Museen (2017), wo umfassend die 1500-jährige Geschichte der Päpste gewürdigt wurde, vom Aufstieg in der Antike über die Kirchenspaltung im Spätmittelalter bis zur Reformation.

▲ Johannes XXIII. in der Haft in Eichelsheim, Bild von 1697. ▼ Burg Eichelsheim um 1600.

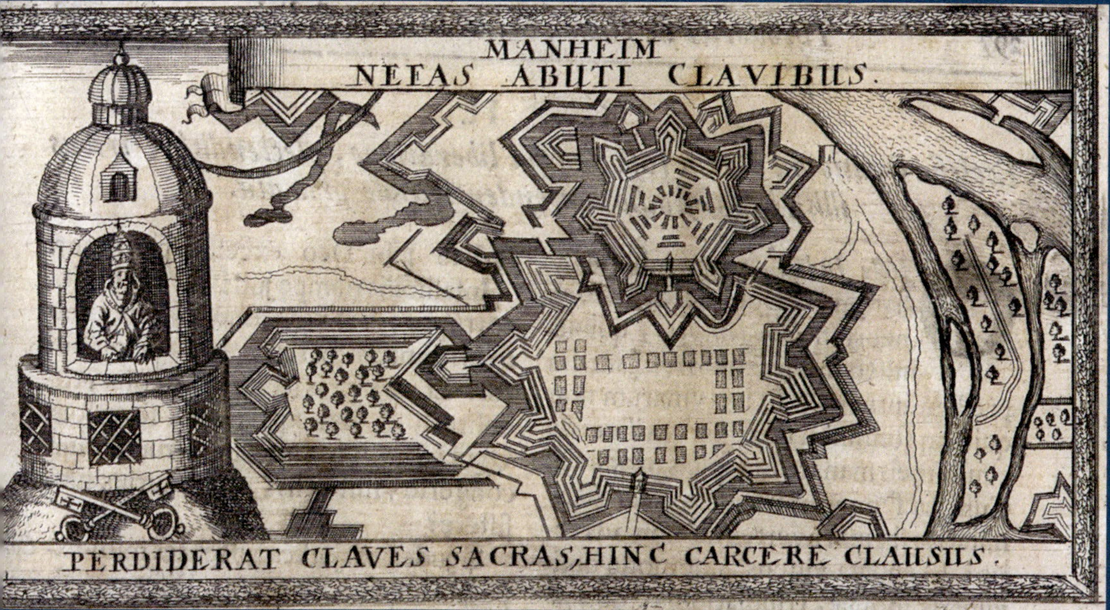
MANHEIM
NEFAS ABUTI CLAVIBUS.
PERDIDERAT CLAVES SACRAS, HINC CARCERE CLAUSUS.

Burg
ichelsheim

Vom
Mannheimer
Alterthums Verein
1890
Zur
Erinnerung
an die Schlacht
bei
Seckenheim

1462

Schlacht bei Seckenheim

Seckenheim, im Osten der Stadt und am Neckar gelegen, blickt ebenfalls auf eine lange Geschichte zurück. Der Fund eines römischen Ziegelofens spricht für eine Besiedlung des Gebiets in vorchristlicher Zeit. Auch Seckenheim wurde erstmals im Lorscher Codex erwähnt, und zwar 766 und damit zwei Jahre später als Sandhofen. In die Geschichtsbücher ging der Ort mit der »Schlacht von Seckenheim« 1462 ein.

Auslöser der blutigen Auseinandersetzung des Badisch-Pfälzischen Krieges 1461/62, bei dem es um die Neubesetzung des Mainzer Erzbischofsstuhls ging, waren Differenzen zwischen Friedrich dem Siegreichen, Kurfürst von der Pfalz (1425–1476), und Kaiser Friedrich III. (1415–1493). Ersterer wurde, nachdem sein Bruder Kurfürst Ludwig IV. (1424–1449) verstorben war, dessen Nachfolger, obwohl er lediglich als Vormund für seinen Neffen Philipp (1448–1508) vorgesehen gewesen war. Der Kaiser lehnte dies ab und versagte ihm die Bestätigung als Kurfürst. Schon in der Schlacht bei Pfeddersheim (Juli 1460) war die kaiserliche Armee Friedrich (dem Siegreichen) unterlegen, doch der Kaiser beabsichtigte, mit Bündnispartnern, unter anderen Markgraf Karl von Baden (1427–1475) und Graf Ulrich von Württemberg (1413–1480), die pfälzischen Truppen zu vernichten.

Die Entscheidungsschlacht, in deren Vorfeld mehrere pfälzische Dörfer vernichtet wurden, fand am 30. Juni 1462 südlich von Seckenheim statt. Zwar unterstützt durch Truppen des (1461 vom Papst gebannten und abgesetzten) Mainzer Erzbischofs Diether von Isenburg (1412–1482) und des Grafen Philipp von Katzenelnbogen (1402–1479), dennoch in der Unterzahl, siegte Kurfürst Friedrich dank des tatkräftigen Beistandes der Bürger und Bauern aus Heidelberg und Umgebung. Friedrichs Gegner erkannten ihn nun als legitimen Kurfürsten an.

In der Pfalz gewann Friedrich ein Jahr nach der Schlacht zusätzliches Ansehen durch die Ernennung seines Bruders Ruprecht (1427–1480) zum Erzbischof von Köln. Das 1465 geschlossene Bündnis mit Karl dem Kühnen, Herzog von Burgund (1433–1477), das gegen den Kaiser gerichtet war, stärkte weiterhin seine Position, sodass auch die von Friedrich III. 1474 über ihn ausgesprochene Reichsacht wirkungslos blieb. Ende 1476 verstarb Kurfürst Friedrich. Beerdigt wurde er im Franziskanerkloster Heidelberg, seine Gebeine befinden sich heute in der Heidelberger Jesuitenkirche. Wie vorgesehen, wurde der von ihm adoptierte Neffe Philipp sein Nachfolger. Die Erinnerung an den siegreichen Friedrich lebt auch im Namen des 1682 gegründeten Ortes Friedrichsfeld weiter, der heute zu Mannheim gehört.

Das 1890 errichtete Denkmal erinnert an die Schlacht bei Seckenheim im Juni 1462.

1607

Gründung der Quadratestadt

Der Ortsname Mannheim (Mannenheim), »Heim des Manno«, wurde bereits 766 erstmals im Lorscher Codex urkundlich erwähnt, doch als Gründer der heutigen Stadt gilt Kurfürst Friedrich IV., 1574 in Amberg geboren und 1610 in Heidelberg verstorben. Er ließ im März 1606 beim Fischerdorf Mannheim die Bastion Friedrichsburg anlegen.

Offiziell seit 1583 Kurfürst von der Pfalz, stand Friedrich zunächst unter Vormundschaft seines Onkels Pfalzgraf Johann Casimir (1543–1592). Er residierte im Heidelberger Schloss, das er erweitern ließ, auch war er ein Förderer der seit 1386 bestehenden Universität. So idyllisch das am Neckar gelegene Heidelberg war, so strategisch ungünstig lag es auch. Daher veranlasste er in der Ebene am Rhein mit freiem Ausblick nach allen Seiten den Bau der Befestigungsanlage und auf der anderen Flussseite den eines Brückenkopfs, der Rheinschanze. Etwa zeitgleich mit der sternförmig errichteten (und im Pfälzischen Erbfolgekrieg 1689 zerstörten) Bastion entstand die mit ihr verbundene Stadt, für die ein gitterförmiges Straßennetz vorgesehen war. Dieser neue Ort erhielt am 24. Januar 1607 die Stadtrechte, damit gilt 1607 als Gründungsjahr Mannheims.

Zuzugswillige lockte der Landesherr mit Privilegien wie der Befreiung vom Frondienst und der Grundsteuer. Die historische Innenstadt ist nicht nach Straßenzügen, sondern nach Häuserblocks angelegt. Diese schachbrettmusterartige Anlage diente der besseren Kontrolle über die Bewohner.

Das Besondere an Mannheim und deutschlandweit einmalig ist die Adressenbezeichnung in der Innenstadt nach Buchstaben und Zahlen. Im Laufe der Geschichte variierte die Einteilung, die heutige Systematik wurde im Jahr 1811 festgelegt. Seitdem beginnt vom Schloss aus die linke Seite der Kurpfalzstraße (Breite Straße) mit dem Block A 1, sie endet mit K 1 an der Kurpfalzbrücke. L 1 lautet das erste Quadrat rechts vom Schloss, diese Seite endet mit U 1. Von dieser Straßenachse aus werden die Quadrate, die auch unterschiedliche Rechtecke oder ein Trapez sein können, nach außen nummeriert. Die Hauszählung beginnt in jedem Block stets an der schlosszugewandten Seite und geht rundum. Nur wenige Straßen und Plätze innerhalb des hufeisenförmig angelegten Zentrums tragen einen zusätzlichen Namen: Paradeplatz, Herschelplatz, Planken, Kunststraße, Fressgasse. Umschlossen werden die insgesamt 144 Quadrate durch einen ab 1865 angelegten Ring, beginnend an der Bismarckstraße mit Parkring, Luisenring, Friedrichsring und Kaiserring. Schon lange ist die typische Quadratestruktur ein besonderes Markenzeichen der Stadt. Kein Wunder, dass Mannheims Motto und Logo lautet: »Mannheim im Quadrat«.

▲ Die Quadratestadt, im Vordergrund das Schloss. ▼ Schilder für eine Quadratseite.

Herschelplatz
U2
5 2

27. April - 7. Mai
400
JAHRE
1613
2013
Maimarkt
Mannheim
www.maimarkt.de

1613

Maimarkt – ein Markt mit Tradition

Im September 1613, sechs Jahre nach den Stadtprivilegien, verlieh Pfalzgraf Johann II. von Zweibrücken (1584–1635) Mannheim die Marktprivilegien. Für den erstmals 1614 durchgeführten Jahrmarkt um den 1. Mai bürgerte sich schnell der Name »Maimarkt« ein. Dieser Markt entwickelte sich zu einem viel besuchten Handelsplatz, heute ist er die größte Regionalmesse Deutschlands.

Im Laufe der Jahrhunderte erweiterte der Markt sein Warenangebot und wechselte mehrfach seinen Standort. Ursprünglich reiner Vieh- und Pferdemarkt auf dem Marktplatz, begegneten sich Händler und Käufer auf dem Paradeplatz, dann vor dem Heidelberger Tor (am heutigen Standort des Wasserturms), ab 1892 im neu eröffneten Schlachthof, nach 1945 kurzzeitig im Rosengarten, dann auf dem Friedensplatz gegenüber dem Luisenpark. Seit 1985 hat er seinen Standort auf einem neu angelegten Gelände im Neuostheimer Mühlfeld. Das Areal mit der 1989 errichteten Maimarkthalle ist seit 2011 über den S-Bahn-Haltepunkt »Mannheim Arena/Maimarkt« erreichbar.

Während der traditionelle Markt ab 1867 bereits landwirtschaftliche Maschinen präsentierte, wurde 1876 die Vergnügungsmesse als eigener Bestandteil abgetrennt und auf den Alten Messplatz verlegt. Dort zogen fortan die Schaubuden zahlreiche Besucher an. Höhepunkt des Jahres 1891 waren die Vorstellungen von William Frederick Cody (1846–1917), besser bekannt als Buffalo Bill, der mit einer Vielzahl von Cowboys, Scharfschützen und Pferden ein Stück Wildwest nach Mannheim brachte. Ab der zweiten Hälfte des 20. Jahrhunderts entwickelte sich der Maimarkt zu einem »Markt für alle«: Tierschauen, landwirtschaftliche Sonderschauen, Fachausstellungen (»Reisemarkt«, »Hochzeitsmesse«) und Beratungen (»Gesund ernähren – richtig kochen!«), dazu Sammlerbörsen, Flohmärkte und Sportevents sowie interkulturelle Vorführungen lassen auf dem Ausstellungsgelände alljährlich eine »Stadt in der Stadt« entstehen, die nicht nur ein breites Publikum aus nah und fern anzieht, sondern auch Künstler, Sportler und Spitzenpolitiker des Landes und des Bundes.

Inzwischen beträgt die Fläche des Maimarktgeländes rund 220 000 Quadratmeter, allein die 47 Hallen bieten während der elf Messetage auf 42 000 Quadratmetern Kreatives, Innovatives, Skurriles und Kommunikatives. Rund 350 000 Besucher lassen sich von bis zu 1500 Ausstellern inspirieren. Ganzjährig genutzt wird die Maimarkthalle, die 12 500 Plätze umfasst, als vielseitig nutzbare Sport- und Konzertarena und als attraktiver Tagungs- und Versammlungsort. Das traditionelle Rindfleischessen am Maimarkt-Dienstag ist für viele Mannheimer ein Feiertag.

Plakat zum 400. Jahrestag des Maimarktes (2013).

1632

Feudenheim und das älteste Gasthaus

Wie auch Sandhofen und Seckenheim blickt Feudenheim, das erstmals als Vitenheim (»Heim des Vito«) 766 in den Lorscher Urkunden erwähnt wurde, auf eine 1250-jährige Geschichte zurück. Zu den ortsbildprägenden Bauten gehören das Rathaus, ein Barockbau aus dem Jahr 1731, die 1889 vollendete neugotische Johanneskirche, der Wasserturm von 1905 – und das älteste Gasthaus Mannheims.

Wie die gesamte Region wurde auch Feudenheim während des Dreißigjährigen Krieges (vor allem 1639) sowie des Pfälzischen Erbfolgekrieges (1689) erheblich zerstört, auch das Jahrhunderthochwasser von 1784 beschädigte die am Neckar gelegenen Anwesen. Heute zählt der rund 15 000 Einwohner große Stadtteil im Osten, der 1910 eingemeindet wurde, wegen seiner hohen Lebensqualität zu den beliebten Wohngegenden Mannheims. Eines der ältesten Häuser, das »Gasthaus zum Ochsen«, liegt an der Hauptstraße, es ist das älteste noch bestehende Gasthaus der Stadt. Die Bauzeit erstaunt, denn es wurde 1632 mitten im Dreißigjährigen Krieg errichtet, damals lebten im Ort 250 Menschen. 1680 erhielt das kriegsbeschädigte Gebäude einen Fachwerkaufbau aus massiven Eichenbalken. Bauherr war der Bürgermeister und Schöffe Ludwig Back, dessen Vorfahren seit 1570 in Feudenheim ansässig waren.

Ob das Haus bereits seit 1632 als Wirtshaus diente, ist nicht überliefert, einen eindeutigen Beleg liefert ein Taufbucheintrag aus dem Jahre 1718; da wurde eine Eva Katharina Back als »Frau des Ochsenwirts Johann Back« bezeichnet. Immerhin findet in dem Gebäude mit seinen eindrucksvollen Gewölbekellern seit mehr als 300 Jahren eine Bewirtung statt. Hier trafen sich Gesellschaften zum Feiern, zum Trauern, zum Spielen, um Vereine zu gründen und zu pflegen. Stammtische waren hier ebenso willkommen wie Gäste auf der Durchreise. Mitten im Ort gelegen, fungierte das Wirtshaus als Poststation, das heißt, hier konnten Reisende übernachten, und frische Pferde standen ihnen zur Verfügung, hier wechselten Reiter und Kuriere. Seine Doppelfunktion als Posthalter und Gastwirt machte den Inhaber des »Ochsen« zu einem vermögenden Mann.

Während in der ersten Hälfte des 20. Jahrhunderts das gastronomische Angebot bescheiden war und Wein und Bier in mitgebrachten Krügen verkauft wurden, ist das »Gasthaus zum Ochsen« längst mit der Zeit gegangen, es vereint Tradition und Moderne und bietet internationale und regionale Küche. Nach einem Rundgang durch den beschaulichen Ortskern, bei dem auch der 1859 angelegte alte jüdische Friedhof besucht werden sollte, erfreut im Sommer eine Erfrischung im Biergarten, ansonsten in den gediegenen Räumen des »Ochsen«.

Das »Gasthaus zum Ochsen« in Feudenheim gilt als älteste Gaststätte Mannheims.

1632

SCHUTZMARKE
Eichbaum Brauerei
Mannheim

ADLER APOTHEKE
Togal
Tabletten

1679

Das älteste Unternehmen: Eichbaum

Zu den überregional bekannten Brauereien gehört die Eichbaum-Brauerei. 1679 gegründet, ist die heutige »Privatbrauerei Eichbaum GmbH & Co KG« Mannheims ältestes Unternehmen. Damals erhielt der aus Nordfrankreich stammende Jean de Chaine eine Konzession vom Stadtrat, die ihm das Bierbrauen und den Betrieb der Schankwirtschaft »Zum Aichbaum« in der Mauritzgasse (heutige »Fressgass«) ermöglichte.

Kurz vor dem Pfälzischen Erbfolgekrieg und damit dem vorübergehenden Ende des Unternehmens waren in der 8000 Einwohner großen Stadt 25 Brauhäuser ansässig. Nach mehreren Eigentümerwechseln begann 1865 mit der Übernahme durch die Brüder Edmund und Christoph Hofmann eine neue Epoche. Während das Eichbaum-Stammhaus in der Innenstadt (P 5) als Schankwirtschaft seine eigene Geschichte fortführte, expandierte der Braubetrieb auf dem neuen Firmengelände an der Käfertaler Straße, 1881 wurde er in eine Aktiengesellschaft umgewandelt.

Zum Aufschwung des Unternehmens hatte auch die neue Verkehrstechnik beigetragen; ab 1850 stand die Eisenbahn zur Verfügung. Eine weitere Errungenschaft war die Erfindung der Kältemaschine durch Carl von Linde (1842–1934), die als Ersatz für Natureis eine ganzjährige Kühlung bei der Bierproduktion gewährleistete. Diese Technik war hier bereits ab 1883 im Einsatz. Waren in diesen Jahren schon eigene Eisenbahnwaggons in Betrieb, erhöhte der Einsatz von Lastwagen ab 1910 den Vertriebsradius.

Der Erste Weltkrieg, Rohstoffknappheit und die wirtschaftlich schwierigen Nachkriegsjahre mit Inflation und Besetzung des linksrheinischen Gebiets durch französische Truppen bedeuteten Absatzrückgang und Einbußen. Immerhin bot die Kooperation und dann Fusion mit der Wormser Werger-Brauerei (1929) neue Möglichkeiten. Doch die Konsolidierung hielt nur wenige Jahre an, die Schäden des Betriebsgeländes im Zweiten Weltkrieg führten zum Produktionsstillstand. Mühsam, doch erfolgreich verlief der Wiederaufbau. Im Laufe der Jahrzehnte wurden kleinere Brauereien der Region aufgekauft und die Produktpalette mit alkoholfreien Getränken erweitert. 1970 übernahm die Frankfurter Henniger-Gruppe das Traditionsunternehmen, 30 Jahre später wurde Eichbaum Teil der Actris AG, seit 2010 firmiert der Getränkehersteller als Privatbrauerei Eichbaum GmbH & Co KG. Wegen seiner Nähe zum Hauptfriedhof erhielt die Biermarke schon früh skurrile Bezeichnungen wie »Urleich«, »Leichenbaum«, »Leichenwasser« oder »Friedhofsbräu«. Geschadet haben die Spitznamen nicht, zumal die Qualität des Eigenwassers hervorragend ist.

▲ Historische Ansicht vom Betriebsgelände der Eichbaum-Brauerei (1900).
▼ Auslieferung des Bieres per Pferd (1910), hier vor der Adler-Apotheke in H 7.

1682

Hugenotten gründen Friedrichsfeld

Nicht nur Juden als konfessionelle Minderheit haben Spuren ihres geistig-kulturellen Lebens am Oberrhein hinterlassen, sondern auch die Hugenotten, die im 17. Jahrhundert als Glaubensflüchtlinge aus Frankreich nach Westen zogen. Die religiöse Toleranz in der Kurpfalz ermöglichte es einigen von ihnen, sich auf dem Gebiet des heutigen Mannheim anzusiedeln.

Die Hugenotten, also die französischen Protestanten, waren Gläubige, die sich auf die Lehre des Reformators Johannes Calvin (1509–1564) in Genf beriefen, sie standen im Gegensatz zur vorherrschenden katholischen Kirche und waren in Frankreich Verfolgungen ausgesetzt. Als Kurfürst Karl Ludwig (1617–1680) sein durch den Dreißigjährigen Krieg stark entvölkertes Territorium neu besiedeln ließ, war sichtbarer Ausdruck für seine religiöse Toleranz der Bau der Konkordienkirche, die allen Gemeinden Mannheims offenstand. Unter seinem Nachfolger Karl II. (1651–1685) erhielten 1682 zehn Familien aus Sedan in Lothringen ein brachliegendes Gelände bei Seckenheim zur Besiedlung. Nach anfänglichen Konflikten mit der einheimischen Bevölkerung verlegten sie den Standort ihrer Neugründung Richtung Osten. Den auf ihre Herkunft verweisenden Ortsnamen »Neu-Sedan« ließ Karl II. nicht zu, stattdessen benannte er das neue Dorf Friedrichsfeld. Namensgeber war Kurfürst Friedrich der Siegreiche (1425–1476), Heerführer der Schlacht bei Seckenheim (1462).

Mit viel Engagement bauten die Glaubensflüchtlinge eine neue Heimat auf, doch Zeit zur wirtschaftlichen Entfaltung blieb ihnen nicht. Als im Pfälzischen Erbfolgekrieg Truppen des französischen Königs Ludwig XIV. (1638–1715) die Kurpfalz verwüsteten, flohen sie nach Brandenburg. Ein Neuanfang mit Bewohnern aus der Region erfolgte zu Beginn des 18. Jahrhunderts. Bedeutung erlangte das Dorf mit dem Bau der Eisenbahn. Gelegen an der 1840 eröffneten badischen Hauptbahn (Mannheim–Heidelberg–Freiburg) und der hier seit 1846 betriebenen Main-Neckar-Bahn (Frankfurt–Heidelberg), entwickelte sich Friedrichsfeld zum Eisenbahnknotenpunkt, die heutige Station heißt »Neu-Edingen/Mannheim-Friedrichsfeld«. Hier wurden die Züge geteilt, wobei der vordere Teil nach Heidelberg fuhr, der hintere nach Mannheim. Daher riefen in früheren Zeiten die Schaffner lautstark: »Heidelberg vorne, Mannem hinne!« Diesen Ausruf kehrten die Mannheimer um und machten ihn zu ihrem Wahlspruch, der seinen festen Platz auch in der Fastnacht hat: »Mannem vorne!«

Im Stadtteil Friedrichsfeld, 1930 eingemeindet, erinnern die neugotische Johannes-Calvin-Kirche und mehrere Straßen an die Herkunft der ersten Siedler.

Die 1902 im neugotischen Stil vollendete Johannes-Calvin-Kirche in Friedrichsfeld.

Mannheim
Schloß

1720

Grundsteinlegung des Schlosses

Bekanntestes und größtes Gebäude der Stadt ist das Schloss, zwischen 1720 und 1760 errichtet. Wo heute studentisches Treiben herrscht, residierten einst die Kurfürsten von der Pfalz. Zur beeindruckenden Anlage gehört nicht nur der durch den Eisenbahnbau stark reduzierte Schlossgarten, sondern auch die Schlosskirche, seit 1874 Pfarrkirche der alt-katholischen Gemeinde.

Carl Philipp, 1661 in Neuburg/Donau geboren, hatte ein abwechslungsreiches Leben. In jungen Jahren Domherr in Köln und Malteserritter, dann Teilnehmer an den Türkenkriegen und Generalfeldmarschall, wurde er nach dem Tode seines Bruders Johann Wilhelm (1658–1716) Kurfürst der Pfalz – und mit Verlegung seiner Residenz von Heidelberg nach Mannheim Bauherr des Schlosses. Der dreiflügelige Neubau entstand dort, wo einst das im Pfälzischen Erbfolgekrieg zerstörte Schloss des Kurfürsten Karl Ludwig gestanden hatte, also zwischen dem Rhein und der Innenstadt. Im Laufe der Jahrzehnte entstand ein drei- und viergeschossiger Prachtbau, der nur unwesentlich kleiner war als das wenige Jahre zuvor vollendete Schloss Versailles, der aber ein Fenster mehr hatte als die Residenz der französischen Könige. Sogar im fernen Brandenburg rühmte Friedrich der Große (1712–1786) die imposante Architektur und die kostbare Innenausstattung. Für ihn war der Mannheimer Bau gleichrangig mit anderen Barockschlössern, »die zwar nicht denen von Athen und Rom vergleichbar sind, aber doch die gotische Baukunst unserer Vorfahren übertreffen«.

Mit der Übersiedlung Karl Theodors nach München (1778) verlor das Schloss an Bedeutung, herrschaftlichen Glanz sah es erst wieder Mitte des 19. Jahrhunderts, als es von Großherzogin Stephanie von Baden bewohnt wurde. Nach deren Tod waren hier Behörden (unter anderen Badisches Oberhofgericht, Land- und Amtsgericht) untergebracht, seit 1955 fungiert das Schloss als Universitätsgebäude.

Angesichts des heutigen Aussehens ist kaum zu glauben, wie stark der Komplex 1944 zerstört war (nur eines der 500 Zimmer blieb unbeschädigt) und dass es ernsthaft Überlegungen gab, die Ruine abzureißen, um ein »Gemeinschaftshaus« für 1200 Menschen zu bauen zur Linderung der Wohnungsnot. Doch ab 1947 fand der Wiederaufbau statt, die letzte große Sanierung mit originalgetreuen Rekonstruktionen im Mittelbau (mit Schlossmuseum) erfolgte zum Stadtjubiläum 2007. Das Schloss mit einer Schaufassade von 440 Metern ist zweifelsfrei auch heute noch das Glanzstück der Stadt. In unmittelbarer Nachbarschaft (A 4) steht mit der 1760 vollendeten Jesuitenkirche eine der bedeutendsten Barockkirchen Südwestdeutschlands.

▲ Schlosshof (1938) mit Denkmal für Kaiser Wilhelm I. ▼ Rheinseite des Schlosses.

1742

Carl Philipp arrangiert zwei Ehen

Kurfürst Carl Philipp (1661–1742) hatte ein langes und erfülltes Leben, sein ganzer Stolz war das Schloss, auch fünf Töchter hatte er gezeugt – doch ihm fehlte ein männlicher Erbe. Daher bestimmte er Karl Theodor (1724–1799), einen Verwandten aus der wittelsbachischen Nebenlinie Pfalz-Sulzbach, zu seinem Nachfolger.

Diesen holte er als Zehnjährigen 1734 an seinen Hof, bereits im Jahr zuvor hatte er den Jungen mit seiner ältesten Enkelin, der 1721 in Mannheim geborenen Elisabeth Augusta, verlobt. Die Hochzeit zwischen Cousine und Cousin fand am 17. Januar 1742 statt. Zugleich heiratete Maria Anna (1722–1790), jüngere Schwester von Elisabeth Augusta, den Wittelsbacher Herzog Clemens Franz von Bayern (1722–1790). Die Doppelhochzeit mit Eröffnung des Hofopernhauses, einem Feuerwerk und freiem Weinausschank im Ehrenhof war das prachtvollste Fest, das hier je stattfand.

In der Silvesternacht 1742 starb Carl Philipp, neuer Regent wurde Karl Theodor. Er und seine Frau lebten im Luxus, es mangelte ihnen an nichts – nur an gegenseitiger Zuneigung. Neunzehn Jahre nach der Hochzeit kam der ersehnte Stammhalter auf die Welt, doch er verstarb nach wenigen Stunden; danach gingen beide ihre eigenen Wege. Sie lebte im Schloss Oggersheim, begleitete zwar 1778 ihren Mann nach München, kehrte aber bald wieder in die Kurpfalz zurück. 1793 floh Elisabeth Augusta vor den französischen Revolutionstruppen nach Weinheim, wo sie im August 1794 starb. Karl Theodor, der gemäß Hausverträgen nach dem Tode des kinderlosen Kurfürsten Max III. Joseph von Bayern (1727–1777) nach München übersiedeln und die Regentschaft übernehmen musste, überlebte seine Frau um fünf Jahre.

Mit der Verlegung seiner Residenz war die pfälzische Kurwürde erloschen, doch nicht nur das: Die Blütezeit Mannheims war beendet. Über die Kurpfalz hatte er nicht nur als absolutistischer Monarch regiert, er war auch ein Förderer der Wissenschaften, der Kultur, der Wirtschaft, des Sozialwesens (Gründung der Akademie der Wissenschaften, Sammlung antiker Skulpturen, Weiterentwicklung seiner Hofkapelle, Ausbau der Frankenthaler Porzellanmanufaktur, Gründung einer Hebammenschule). Nach dem Tod seiner Frau heiratete Karl Theodor 1795 die 18-jährige Maria Leopoldine von Österreich-Este (1776–1848), die Ehe blieb kinderlos, und ein Verwandter aus dem Haus Pfalz-Birkenfeld folgte nach: Kurfürst Maximilian Joseph (1756–1825), ab 1806 erster König Bayerns. Übrigens war die zweite Ehe vom Januar 1742 nicht weniger problematisch. Zwar unterstützte Maria Anna ihren Mann Clemens Franz politisch, doch dieser hatte eine lebenslange Affäre mit Elisabeth Augusta, der ungeliebten Frau Karl Theodors.

▲ Kurfürst Carl Philipp. ▼ Karl Theodor und seine Frau Elisabeth Augusta.

G. STAMITZ

DIE
MANNHEIMER SCHULE
1743 - 1778
Mannheimer Seufzer
Die von Johann Stamitz begründete "Mannheimer Schule" schuf mit ausgefeilten stilistischen und dynamischen Mitteln wie dem Crescendo oder der „Rakete" einen modernen Orchesterklang und machte Mannheim zum Mittelpunkt des europäischen Musiklebens. Hier entstand die Sinfonie in ihrer heutigen Form. Viele bedeutende Solisten und Komponisten waren Mitglieder der für ihre spieltechnische Perfektion berühmten Hofkapelle.
Gemeinsam engagiert in der
Metropolregion Rhein-Neckar
Spender der Platte:
Stadt Mannheim

1743

Die Mannheimer Schule

Kurfürst Karl Theodor schmückte seine Residenz mit einem wahren Musenhof von europäischem Rang. Höchste Bewunderung galt seinem Hoforchester. Der Kreis der Hofmusiker ist als »Mannheimer Schule« in die Musikgeschichte eingegangen.

Sein Forte sei »ein Donner, sein Crescendo ein Katarakt, sein Diminuendo ein in die Ferne hinplätschernder Kristallfluss, sein Piano ein Frühlingshauch«, äußerte der Musiker und Journalist Christian Friedrich Daniel Schubart (1739–1791) über das Orchester. Der Kunstreisende Charles Burney (1726–1814) nannte es »eine Armee von Generälen, gleich geschickt, einen Plan zu einer Schlacht zu entwerfen als darin zu fechten«. Hoch gerühmt wurden die Hofmusiker ob ihrer virtuosen Fähigkeiten, ihres disziplinierten Spiels und der technischen Perfektion im Dienste des musikalischen Ausdruckes. Sie entwickelten zukunftsweisende musikalische Neuerungen, die als »Mannheimer Manieren« so kuriose Namen wie »Rakete«, »Seufzer« oder »Walze« bekommen haben.

Von den vielen Musikern, denen die Kapelle den europäischen Ruhm verdankte, wirkte der Geigenvirtuose Johann Stamitz (1717–1757) seit 1741 in Mannheim, seit 1745 als Konzertmeister und Musikdirektor. Er gilt als Begründer der Mannheimer Schule, die großen Einfluss auf die weitere Entwicklung der Konzertsinfonie und der Orchesterkultur in Europa hatte. Stamitz festigte auf Reisen, vor allem nach Paris, seinen Ruf als Komponist und Virtuose. Christian Cannabich (1731–1798) trat mit 12 Jahren als Geiger ins Hoforchester ein und stieg nach dem Tode von Stamitz 1757 zum Kapellmeister auf. Er zählt zu den Wegbereitern der Wiener Klassik, und er war es auch, der den jungen Wolfgang Amadeus Mozart (1756–1791) bei seinem Aufenthalt 1777/78 in freundschaftlicher Zuwendung betreute. Ignatz Holzbauer (1711–1783) arbeitete in Mannheim ab 1773 als Direktor der Hofkapelle. Er schuf über 200 Sinfonien und 15 Opern, darunter 1777 die Aufsehen erregende deutschsprachige Oper »Günther von Schwarzburg«. Mozart schrieb im November 1777 bewundernd über das Werk an seinen Vater in Salzburg: »Die Musik von Holzbauer ist sehr schön … am meisten wundert mich, dass ein so alter Mann wie Holzbauer noch so viel Geist hat; denn das ist nicht zu glauben, was in der Musik für Feuer ist.«

Unter den Bläsern der Hofmusik ragen der Flötist Johann Baptist Wendling (1723–1797) und der Oboist Friedrich Ramm (1744–1813) heraus. An der Hofoper leistete man sich den gefeierten Tenor Anton Raaff (1714–1797), der bei der Uraufführung im Januar 1781 den ersten Idomeneo in Mozarts gleichnamiger Oper gab.

▲ Porträt des Komponisten Johann Stamitz, Gründer der Mannheimer Schule.
▼ Eine Bronzeplatte vor dem Schloss erinnert seit 2017 an die Mannheimer Schule.

1745

Karlstern: Karl Theodors Jagdrevier

Von Mannheim ist es nicht weit zum Odenwald und zum Pfälzerwald, doch noch näher liegt der eigene Wald: der Käfertaler Wald, ein geschichtsträchtiger Ort, der zudem als meistbesuchter stadtnaher Wald Baden-Württembergs gilt. Das rund 1140 Hektar große Gebiet liegt im Norden der Stadt, zwischen Mannheim, Lorsch, Lampertheim und Viernheim.

Den Käfertaler Wald gibt es »schon immer«, und seit Jahrhunderten war er ein Jagdrevier, bis Kurfürst Karl Theodor 1745 den nach ihm benannten Karlstern anlegen ließ. Dieser ist der Mittelpunkt eines sternförmigen Wegenetzes, bestehend aus sechs eindrucksvollen Alleen. Hier hielt sich der Kurfürst häufig auf, hier konnte er sich mit seinen Jagdgesellschaften austoben. Zu seinem Freizeitvergnügen gehörten auch ein Jagdhaus und ein Wildgehege. Umgeben von den Wegen befindet sich ein kleiner See, der Karlsternweiher; weitere Seen entstanden auf dem Gelände, die jedoch nach und nach bis Ende des 19. Jahrhunderts verschwanden.

Zu dieser Zeit war der Wald längst kein Jagdrevier mehr. Umso mehr schätzte die Stadtbevölkerung den Käfertaler Wald als Naherholungsgebiet, das stetig ausgebaut und mit Attraktionen bestückt wurde. Bereits vor dem Ersten Weltkrieg sorgte ein Ausflugsrestaurant für Erfrischungen. Das 1960 angelegte Wildgehege macht heutzutage Bekanntschaft mit Wildschweinen, Dam- und Muffelwild und nordamerikanischen Bisons. Im Laufe der Jahrzehnte kamen weitere Angebote für alle Generationen und unterschiedliche Interessen hinzu, etwa ein Waldspielplatz, ein Trimm-dich-Pfad, ein Reitwegenetz, eine Kneipp-Anlage, eine Minigolf-Anlage und ein Rodelhügel, ein Vogelpark und die Liegewiese sowie eine Grillhütte. Im Mittelpunkt des Karlsterns steht seit 1975 ein hölzerner Pavillon, der gerne als Picknickplatz genutzt wird. Im selben Jahr wurde der Käfertaler Wald zum Landschaftsschutzgebiet erklärt. Auf seinem überwiegend sandigen Boden wachsen eine Vielzahl unterschiedlicher Bäume, vor allem Kiefern und Fichten, auch Stiel- und Roteichen, Hainbuchen, Ross- und Edelkastanien sowie Douglasien. Ein Teil des Waldes hieß im Volksmund Panzerwald, da er jahrzehntelang vom US-amerikanischen Militär als Panzerübungsgelände genutzt wurde.

Südlich des Waldes liegt der Stadtbezirk Käfertal. Der Ort, der 1897 eingemeindet wurde und über einen Haltepunkt an der Riedbahn verfügt, blickt auf eine rund 800-jährige Geschichte zurück. Der Name Käfertal verweist nicht auf Borken- oder Maikäfer, die in den vergangenen Jahren immer wieder erhebliche Holzschäden angerichtet haben, sondern leitet sich von »Keverendale« ab und bedeutet »Tal der Kiefern«.

Ein beliebtes Ausflugsziel ist der Pavillon im Käfertaler Wald.

Karlsternstraße

1763

Mozart sammelt Erfahrungen

Salzburg und Wien sind *die* »Mozartstädte«; in der einen kam der Komponist 1756 auf die Welt, in der anderen verstarb er 1791. Aber Mannheim überflügelt beide. Denn Mannheim kann sich des Satzes von Wolfgang Amadeus Mozart rühmen: »Mit einem Wort: wie ich Mannheim liebe, so liebt Mannheim mich.« In der Tat gilt die Quadratestadt als Mozartstadt, weil seine Aufenthalte hier wichtig für seine persönliche und künstlerische Entwicklung waren.

Viermal hat Mozart die Stadt besucht, dabei insgesamt 176 Tage hier verbracht und viele Freunde gefunden. Erstmals betrat er Mannheimer Boden im Sommer 1763 während der dreieinhalb Jahre dauernden Tournee durch Westeuropa, bei der Mozarts Eltern Leopold (1719–1787) und Anna Maria (1720–1778) ihn und seine Schwester Maria Anna, genannt Nannerl (1751–1829), als »Wunderkind«-Geschwister präsentierten. Mannheim war für das Wunderkind Mozart wohl nur eine Station unter vielen großen Etappen der Europareise. Aber Mozart hörte in Mannheim damals mit großer Wahrscheinlichkeit zum ersten Mal Klarinetten, nämlich die der Mannheimer Hofkapelle. Erst ab 1771 besetzte er Klarinetten in einer eigenen Komposition. Noch 1778 schrieb er an seinen Vater: »Ach, wenn wir in Salzburg nur auch clarinetti hätten! – sie glauben nicht was eine sinfonie mit flauten, oboen und clarinetten einen herrlichen Effect macht.«

Zum zweiten Mal besuchte Mozart Mannheim vom 30. Oktober 1777 bis zum 14. März 1778. Er hatte seine Stelle als Konzertmeister bei der Salzburger Hofkapelle gekündigt und kam auf der Suche nach einer besser bezahlten Anstellung an den Hof Karl Theodors. Sein Vater hatte von seinem Dienstherrn in Salzburg keinen Urlaub für die Reise bekommen, daher reiste Mozart zum ersten Mal nur in Begleitung seiner Mutter, ohne den Vater und dessen vorausschauendes Planen und Organisieren vor Ort. Mozarts Kindheit endete damit unvermittelt und spät. Es gelang Mozart, am 3. Dezember 1777 mit dem Kurfürsten selbst zu sprechen und sich zu bewerben. Nach langem Warten zwischen Bangen und Hoffen bekam er die Ablehnung seiner Bewerbung mitgeteilt. Schwer enttäuscht schrieb er am 10. Dezember an seinen Vater in Salzburg: »Hier ist es dermalen nichts mit dem Churfürsten … und ich versicherte ihm, dass es ihn gewiss niemals gereüet hätte, wenn er mich genommen hätte.«

Auch für die persönliche Entwicklung Mozarts war der Aufenthalt entscheidend, da er hier die Musikerfamilie Weber kennenlernte. Die Webers hatten vier Töchter, Josepha (1758–1819), Aloysia (1760–1839), Constanze (1762–1842) und Sophie

▲ Palais Bretzenheim (A 2); hier gab Mozart 1777/78 Musikunterricht.
▼ Mozartbild von Doris Stock (1790) aus der Zeit seines letzten Besuchs in Mannheim.

(1763–1846). Alle waren ausgebildete Sängerinnen, Josepha und Aloysia sangen beruflich. Mozart verliebte sich in Aloysia Weber. Seine Mutter schrieb aus Mannheim an Leopold im Februar 1778 mit leichtem Tadel: »Mein lieber Mann, aus diesem Brief wirst du ersehen haben, das wan der Wolfgang eine neue Bekanntschaft machet er gleich gueth und blueth für solche Leute geben wollte, es ist wahr, sie singt unvergleichlich … mit einem Wort sobald er aber mit den Weberischen ist bekannt, so hat er gleich den Sinn geändert.« Mozart erwog sogar, mit Aloysia nach Italien zu reisen, um sie der Musikwelt vorzustellen. Sein Vater intervenierte scharf und schrieb an Wolfgang: »Fort mit Dir nach Paris.« Immerhin sind als Zeugnisse der Begegnung mit Aloysia einige der schönsten Konzertarien auf uns gekommen, die Mozart für Aloysia komponierte. Am Ende stand eine Enttäuschung, denn Aloysia lehnte seine Werbung ab. Mozart heiratete 1782 Aloysias Schwester Constanze.

Auf der Rückreise von Paris nach Salzburg besuchte Mozart Mannheim im Spätherbst 1778 zum dritten Mal. Er war durch Rückschläge in Paris enttäuscht, fühlte sich gedemütigt und saß auf einem Berg von Schulden. Seine Mutter war in Paris gestorben. Die »Weberischen« waren im September 1778 nach München gezogen, wo Aloysia ans Theater engagiert worden war. Die Verbindung brach vorerst ab. Eine akzeptable Anstellung hatte er nirgends gefunden. Der Versuch, in Mannheim den Auftrag zum Melodram »Semiramis« von Otto Freiherr von Gemmingen (1755–1836) zu bekommen, scheiterte. Mozart sollte die Früchte dieser Bewährungsproben in den folgenden Jahren in Salzburg und Wien ernten.

Für seine künstlerische Entwicklung war Mannheim prägend. Leopold Mozart nannte das Hoforchester »ohne Widerspruch das beste in Deutschland«. Verblüffende Präzision und Genauigkeit waren Kennzeichen des mit Virtuosen besetzten Orchesters, eine »Armee von Generälen der Musica«. Hier wurde Neues ausprobiert, Effekte der Lautstärke, neuartige Kontraste und Klangmischungen von Bläsern und Streichern. Mozart entdeckte diese neuen Klangmöglichkeiten für seine Kunst, den Stil der bewegenden Kontraste, überraschende Mollfärbungen, gegen die Streicher gesetzte Bläsereinwürfe. Mozart hat, inspiriert von den Mannheimer Erfahrungen, in den folgenden drei Vor-Wiener-Jahren in vielen Gattungen Meisterwerke geschaffen. Ohne Übertreibung kann man seine Werke in solche »vor« und »nach« Mannheim einteilen.

Bei der Rückreise von den Feierlichkeiten zur Krönung von Kaiser Leopold II. (1747–1792) im Dom zu Frankfurt besuchte er Mannheim zwischen dem 23. und 25. Oktober 1790 zum vierten Mal. Mozart wohnte der Hauptprobe zu »Figaros Hochzeit« bei, am Tag darauf fand abends die erste (deutsche) Aufführung des »Figaro« in Mannheim statt.

Der Komponist ist Namensgeber der Mozartschule, einer Grundschule in R 2, 2.

STADTMANNHEIM²
Mozartschule
Grundschule

Mannheim, Marktplatz mit Rathaus.

1769

Aufstellung des Marktplatzbrunnens

Bereits mit der Stadtgründung entstand der Marktplatz als ältester Platz der Innenstadt (G 1). Er war einst von barocken Wohn- und Geschäftshäusern umgeben. An diese Epoche erinnert noch das bemerkenswerte Ensemble von (Altem) Rathaus und der Kirche St. Sebastian auf der Südseite. Ein besonderes Schmuckstück ist der 1769 aufgestellte Marktplatzbrunnen.

Im Jahr 1719, ein Jahr vor seinem Tod, schuf der Düsseldorfer Hofbildhauer Peter van den Branden den Brunnen für den Heidelberger Schlossgarten. Auftraggeber war Carl Philipp, seit 1716 Kurfürst von der Pfalz und seit 1718 in Heidelberg ansässig; 1720 verlegte er die Residenz nach Mannheim. Sein Nachfolger Karl Theodor ließ das prachtvolle Bauwerk aus gelbem Sandstein in den Schwetzinger Schlosspark bringen, wo es aber nach Ansicht des Gartendirektors Nicolas de Pigage (1723–1796) die Harmonie der Anlage beeinträchtigte. Anlässlich seines 25-jährigen Regierungsjubiläums schenkte Karl Theodor es der Stadt Mannheim. Der Brunnen wurde vor seiner Aufstellung von Johann Matthäus van den Branden (1716–1788), dem Sohn des Bildhauers, umgestaltet. Bekrönt wird das mit Medaillons und Inschriften versehene Monument von Merkur, dem Gott des Handels, er umrahmt die Stadtgöttin Mannhemia, die in ihrer linken Hand den Stadtplan hält. Zu ihren Füßen sind sitzend die Flussgötter Rhein und Neckar dargestellt, ein Knabe mit Füllhorn symbolisiert den Wohlstand der Stadt. Die vier mit je zwei Putten geschmückten Wasseraustrittsöffnungen stehen für die Flüsse Rhein, Neckar, Donau und Mosel, sie nehmen Bezug auf die Landesteile, über die Karl Theodor herrschte (Kurpfalz, Jülich und Berg, Neuburg sowie die Grafschaft Sponheim). Auch die Wappen am Sockel spiegeln die Länder des Kurfürsten wider. Erst 1889 erfüllte das Bauwerk seine Funktion als Brunnen, dank der zentralen Wasserversorgung, die mit Inbetriebnahme des Wasserturms möglich geworden war. Im Laufe seiner Geschichte war der Brunnen mehrfach beschädigt, eine umfangreiche Restaurierung fand 1981 statt, bei der die Figurengruppe durch Kopien ersetzt wurde, nachdem sie für den Bau der Tiefgarage unter dem Marktplatz demontiert worden war. Nach zahlreichen Vandalismusschäden erfolgten 2010 eine weitere Instandsetzung und die Errichtung der (jahrelang entfernten) Umgitterung nach historischem Vorbild.

▲ Der Marktplatz (um 1900) mit Rathaus, St. Sebastian und Marktplatzbrunnen.
▼ Schmuckstück auf dem Marktplatz: der 1719 geschaffene und 1769 hier aufgestellte Brunnen.

Am Marktplatz steht der Doppelbau von Rathaus und Kirche, durch einen Glockenturm getrennt, beispielhaft für die Mannheimer Symmetrie. Als nach dem Pfälzischen Erbfolgekrieg die Vorgängerbauten zerstört waren, begann der Wiederaufbau Anfang des 18. Jahrhunderts, das Gebäude ist das älteste der Innenstadt. St. Sebastian, ursprünglich als Hofkirche der Kurfürsten errichtet, ist die älteste katholische Kirche Mannheims. Sie steht für den Wechsel von der evangelischen zur katholischen Konfession in der Kurpfalz unter Johann Wilhelm (1658–1716), der damals in Düsseldorf residierte. Der Doppelbau selbst soll die Einheit von Staat und Kirche symbolisieren.

Im 18. Jahrhundert diente der Marktplatz auch als Ort von Hinrichtungen, zu allen Zeiten fanden hier Versammlungen und Protestkundgebungen statt. Ein unwürdiges Schauspiel inszenierten hier am 19. Mai 1933 die Nationalsozialisten mit ihrer Bücherverbrennung. Heute ist der Platz, auf dem dienstags, donnerstags und samstags der Wochenmarkt abgehalten wird, ein in jeder Hinsicht multikultureller Ort.

Eine vergleichbare Bedeutung hat der nahe gelegene Paradeplatz (O 1), der einst für Truppenaufmärsche genutzt wurde, daher sein Name. Auch er enthält (seit 1743) ein imposantes Bauwerk als besonderes Zierstück, die Grupello-Pyramide, ein 1715 geschaffenes Werk des flämischen Bildhauers Gabriel Grupello (1644–1730). Diese Skulptur, zunächst Statua genannt, hat eine interessante Vergangenheit, ursprünglich aufgestellt wurde sie nämlich 1716 auf dem Düsseldorfer Galerieplatz. Entstanden war sie im Auftrag von Johann Wilhelm, auch »Jan Wellem« genannt, seit 1690 Kurfürst der Pfalz, der wegen der Zerstörung des Heidelbergers Schlosses im Pfälzischen Erbfolgekrieg (1688–1697) in Düsseldorf residierte. Sein Nachfolger, sein in Mannheim lebender jüngerer Bruder Carl Philipp, ließ die sieben Meter hohe Pyramide in die Quadratestadt bringen und auf einen von Hofbaumeister Alessandro Galli da Bibiena (1686–1748) geschaffenen Sockel stellen. Auf der Pyramidenspitze ist Chronos, die Personifizierung der Zeit, dargestellt, wie er Veritas enthüllt, die nackte Wahrheit. Zahlreiche Wappentiere und Figuren, die die Kardinaltugenden und die Laster oder Todsünden symbolisieren, sowie Flussgötter schmücken das Bauwerk. Zum Brunnen wurde die Pyramide erst 1888 umgestaltet. Die Brunnenfiguren schuf der aus Mannheim stammende Bildhauer Johannes Hoffart (1851–1921), sie fielen im Zweiten Weltkrieg der »Metallspende« zum Opfer und wurden bis 1989 wiederhergestellt. Auch wenn beide Plätze, seit Bestehen beliebte Treffpunkte der Mannheimer, in den vergangenen Jahren aufgewertet wurden, lassen alte Aufnahmen der Vorkriegszeit erahnen, wie prachtvoll und originell Markt- und Paradeplatz einst bebaut waren.

▲ Historische Aufnahme des Paradeplatzes (1935): das Kaufhaus und die Grupello-Pyramide. ▼ Auch heute ein beliebter Treffpunkt: der Grupello-Brunnen.

Mannheim, Paradeplatz

1774

Sternwarte und Mannheimer Stunden

Etwas einsam, doch in unmittelbarer Nähe von Schloss und Jesuitenkirche gelegen, steht ein imposanter Turm, ein Teil der 1774 vollendeten Sternwarte. Vorbild für den achteckigen, 33 Meter hohen Bau war die Sternwarte in Paris.

Die Beobachtung der Gestirne faszinierte schon in der Antike. Die Deutung von zukunfts- und wetterweisenden Himmelserscheinungen war nur wenigen vorbehalten. Die einen interpretierten die Konstellationen am fernen Firmament als Unglück, die anderen als Vorboten erfreulicher Ereignisse.

Infolge der Erfindung des Teleskops (1608) und im Zusammenhang der Aufklärung ließen vor allem wohlhabende und wissenschaftlich interessierte Adlige an ihren Höfen astronomische Observatorien installieren. Zu den frühen Einrichtungen dieser Art gehört die unter Kurfürst Karl Theodor (1724–1799) errichtete Sternwarte, deren Leitung der Jesuitenpater Christian Mayer (1719–1783) innehatte. Mayer, seit 1751 Professor an der Universität Heidelberg, zunächst für Philosophie, dann für Experimentalphysik und Mathematik, gehörte zu den führenden Wissenschaftlern seiner Zeit. Zu seinen Beobachtungen zählen 1759 die (erste vorhergesagte) Wiederkehr des Halleyschen Kometen und eine partielle Sonnenfinsternis im Jahr 1765. Nachdem er bereits 1761 eine provisorische Sternwarte im Schwetzinger Schlosspark errichtet hatte und 1763 zum Hofastronomen ernannt worden war, initiierte Mayer den Bau der Sternwarte in Mannheim.

Ab Januar 1775 entdeckte Mayer mit seinem Mitarbeiter Johann Metzger (1735–1780) 80 Doppelsternpaare. Ihr Hauptinstrument war der (noch heute vorhandene und funktionstüchtige) Mauerquadrant des englischen Astronomen und Instrumentenbauers John Bird (1709–1776).

Neben Mayer war eine der prägenden Persönlichkeiten auch Johann Jakob Hemmer, der die wissenschaftlichen Ambitionen Karl Theodors umsetzte. Hemmer, 1733 in Horbach in der Südwestpfalz geboren, war Meteorologe, Physiker, Sprachforscher und hinterließ auf all diesen Gebieten wissenschaftliche Veröffentlichungen. Er hatte Philosophie, Mathematik und Theologie in Köln studiert, bevor er Hofkaplan am Hof Karl Theodors wurde. Ab 1767 war er Mitglied in der Kurpfälzischen Akademie der Wissenschaften, ab 1776 Leiter des »physikalischen Kabinetts« und ab 1780 Sekretär der »Pfälzischen Meteorologischen Gesellschaft«. Besonders wegen seiner Arbeiten zur Meteorologie errang er europaweite Berühmtheit. Er baute ein weltwei-

▲ Ansicht von Sternwarte und Jesuitenkirche (1925). ▼ Sternwarte und Jesuitenkirche haben den Zweiten Weltkrieg überlebt und wurden instand gesetzt.

tes Netz von 53 Wetterstationen auf. Seine systematische Datenerfassung an verschiedenen Orten und über Jahre hinweg ist eine Pioniertat der Wetter- und Klimabeobachtung. An allen Beobachtungsstationen wurden standardisierte Messgeräte nach einheitlichen Methoden genutzt. Selbst die Beobachtungstermine wurden einheitlich festgelegt, es sind die »Mannheimer Stunden«.

Im Zuge von Hemmers Untersuchungen zur atmosphärischen Elektrizität ließ Karl Theodor auf allen Pulvertürmen und Schlössern der Kurpfalz Blitzableiter anbringen, den sogenannten Hemmerschen Fünfspitz. Diese Maßnahme bereitete den Weg für die flächendeckende Einführung des Blitzschutzes. Hemmer war Mitglied wissenschaftlicher Gesellschaften unter anderem in Bologna, Dijon und Stockholm. Nach seinem Tod und infolge der französischen Revolutionskriege verfiel das weitverzweigte Beobachtungsnetz.

Man kann kaum glauben, dass Johann Jakob Hemmer auch noch Zeit für Studien zu Grammatik und Orthografie hatte. Seine orthografischen Vorschläge bezogen sich auf die möglichst genaue Wiedergabe des Wortklanges durch die Schrift. 1769 veröffentlichte er die »Abhandlung über die deutsche Sprache zum Nutzen der Pfalz« und 1775 die »Deutsche Sprachlehre, zum Gebrauche der kurpfälzischen Lande«. Sein Wirken in Mannheim ist im übertragenen Sinne als eine Sternstunde für die Entwicklung der deutschen Sprache zu bezeichnen.

Die Sternwarte war eine viel besuchte und international anerkannte Forschungseinrichtung, dies belegen auch die Gästebucheinträge von Benjamin Franklin (1706–1790) und Wolfgang Amadeus Mozart (1756–1791). Doch mit der Verlegung des Hofes nach München verlor sie an Bedeutung. Immerhin wurde der Ort zum trigonometrischen Nullpunkt der 1820 durch Johann Gottfried Tulla (1770–1828) begonnenen Triangulierung für die topografische Aufnahme und Vermessung aller Flurstücke Badens.

War dem Turm schon 1790 ein Vorbau für die Instrumente hinzugefügt worden, veränderte sich 1860 die Dachstruktur. Da aus den unteren Geschossen der Sternwarte die Beobachtung des Nachthimmels nicht mehr möglich war, entstand auf der Plattform eine neue Schutzkuppel, in der das bis dahin größte Fernrohr Platz fand. 1880 wurde die Sternwarte in die Residenzstadt Karlsruhe verlegt, 1898 erfolgte ein weiterer Umzug der Einrichtung auf den Königstuhl bei Heidelberg. Vor dem Ersten Weltkrieg beherbergte das Gebäude eine Camera obscura. Beim Bombenangriff im März 1944 schwer beschädigt, wurde der Turm nach einer Instandsetzung Ende der 1950er-Jahre originalgetreu restauriert. Seitdem dient er als Atelier für bildende Künstler. Dank der Deutschen Stiftung Denkmalschutz und zahlreicher weiterer Initiativen erhielt die Sternwarte im Oktober 2019 sogar eine Nachbildung des ursprünglichen Türmchens mit Kupferhaube als Bekrönung zurück, damit sieht das Bauwerk wieder aus wie zur Zeit Karl Theodors.

◀ Hemmerscher Fünfspitz auf dem Schloss (1925). ▶ Auf der »Kurpfälzer Meile der Innovationen« vor dem Schloss erinnern Bronzeplatten an Mayer und Hemmer.

CHRISTIAN MAYER
20.08.1719 – 16.04.1783
Der Jesuitenpater, Physikprofessor und kurfürstliche Hof-astronom Christian Mayer wies mit seinen Messungen und Berechnungen an der Sternwarte die Existenz physischer Doppelsterne nach. Er erkannte, dass die von ihm "Fixsterntrabanten" genannten Sternsysteme durch ihre gegenseitige Massenanziehung aneinander gebunden sind und um ihren gemeinsamen Schwerpunkt kreisen. Damit gelang ihm 1777 eine der ersten bedeutenden Entdeckungen der Stellarastronomie.
Metropolregion Rhein-Neckar
Spender der Platte:
Kurpfälzer Meile der Innovationen

JOHANN JAKOB HEMMER
13.06.1733 – 03.05.1790
Der Universalgelehrte richtete im Jahre 1780 ein weltweites Netz von Mess-Stationen ein, die täglich um 7.00, 14.00 und 21.00 Uhr mit den gleichen Instrumenten Wetterdaten aufzeichneten. Mit der Sammlung und Auswertung der nach Mannheim übermittelten Daten begründete Hemmer die moderne Meteorologie. Noch heute heißen die von ihm festgelegten Beobachtungszeiten die "Mannheimer Stunden".
Gemeinsam engagiert in der
Metropolregion Rhein-Neckar
Spender der Platte:
Academia Domitor

2021

1782

Uraufführung der »Räuber«

Bei der überschaubaren Geschichte der Stadt überrascht immer wieder, welche Superlative Mannheim zu bieten hat. Zu den Glanzpunkten gehört auch das Nationaltheater (NTM), das seinen Spielbetrieb mit einem festen Ensemble im Oktober 1779 eröffnete und für das die Stadt seit 1839 zuständig ist; damit gilt es als ältestes kommunales Theater der Welt.

Gegründet unter Kurfürst Karl Theodor, der 1778 seinen Hof nach München verlegt hatte und der den Bürgern mit dem Theater einen Ersatz für die höfischen Veranstaltungen bieten wollte, befand sich die »deutsche Nationalschaubühne« in einem umgebauten Gebäude in B 3, das zuvor als kurfürstliches Waffenlager und Weizenspeicher gedient hatte. Neu war die Darbietung der Stücke in deutscher Sprache (bislang dominierten die italienische Oper und das französische Schauspiel). Erster Intendant war Wolfgang Heribert von Dalberg (1750–1806). Ihm hat Mannheim die Uraufführung des Dramas »Die Räuber« von Friedrich Schiller (1759–1805) am 13. Januar 1782 zu verdanken.

Die Premiere des Werkes, das ein Jahr zuvor in gedruckter Fassung erschienen war und wegen seiner Kritik am Obrigkeitsstaat große Aufmerksamkeit erlangt hatte, fand in Anwesenheit des Autors statt, der sich unerlaubt aus dem Herzogtum Württemberg in die Kurpfalz begeben hatte. Dalberg verlegte die Handlung in die Vergangenheit, um Konflikte mit seinem Landesherrn zu vermeiden. Der später bekannte Darsteller August Wilhelm Iffland (1759–1814) übernahm die Rolle des Franz Moor. Ein Jahr später wurde Schiller zum Theaterdichter ernannt, doch da er die beauftragten Stücke nicht lieferte, wurde er 1785 entlassen.

Im 19. Jahrhundert war Mannheim eine Kulturmetropole am Oberrhein, dabei das Theater stets auf der Höhe der Zeit, inhaltlich und technisch; bereits 1899 fand die Umstellung von Gasbeleuchtung auf elektrisches Licht statt. Vor allem in der ersten Hälfte des 20. Jahrhunderts gastierten namhafte Schauspieler und Dirigenten am Nationaltheater. Bei einem Angriff der Royal Air Force im September 1943 wurde es stark beschädigt. Der heutige, inzwischen unter Denkmalschutz stehende Theaterbau wurde Mitte der 1950er-Jahre nach Plänen von Gerhard Weber (1909–1986) am Goetheplatz errichtet. Der großzügige Komplex enthält das »Große Haus« mit rund 1200 Plätzen, das als Opernhaus fungiert, und das »Kleine Haus« mit circa 600 Plätzen, in dem Schauspiele aufgeführt werden und bei dessen Einweihung am 13. Januar 1957 »Die Räuber« inszeniert wurden.

▲ Das Nationaltheater am Schillerplatz 1938. ▼ Das heutige NTM am Goetheplatz.

1803

Ein geologischer Entdecker

Der in Mannheim geborene und in Schwetzingen verstorbene Karl Friedrich Schimper (1803–1867) reiht sich in die bedeutenden Naturforscher der Metropolregion ein. Er teilte das Interesse an Naturwissenschaften mit vielen Mitgliedern der Familie Schimper.

Sein Vater Friedrich Ludwig Heinrich Schimper (1771–1823) war Geometer und Lehrer der Mathematik, sein Vetter Wilhelm Philipp Schimper (1808–1880) war Botaniker und Phytopaläologe, und dessen Sohn Andreas Franz Wilhelm (1856–1901) war ein berühmter Pflanzengeograf. Karl Friedrichs Bruder Wilhelm (1804–1878) unternahm naturwissenschaftliche Reisen unter anderem nach Nordafrika. Schimper begann 1822 ein Theologiestudium in Heidelberg. Seinen Interessen und Neigungen hat das offenbar nicht entsprochen. Er ging lieber auf eine Forschungsreise nach Südfrankreich, um Pflanzen zu sammeln und zu bestimmen. Ab 1826 wieder in Heidelberg, begann er ein Medizinstudium, doch seine wahre Leidenschaft galt der Biologie und der Geologie. Charakteristisch scheint für Schimper eine Unbeständigkeit zu sein, immer neue Gebiete in Angriff zu nehmen, aber nichts wirklich zum Abschluss zu bringen.

Er konnte mit seinen biologischen Studien nachweisen, dass die Anordnung der Pflanzenblätter geometrischen Regeln folgt. 1829 publizierte er erste Ergebnisse, was einen großen Widerhall in der Fachwelt fand. Auch Kronprinz Maximilian von Bayern (1811–1864), der spätere König, wurde auf ihn aufmerksam und beauftragte ihn 1840 mit der geologischen Erforschung der Alpen und der Pfalz. Schimper beschäftigte sich mit der Theorie der Eiszeiten, ja, er prägte diesen Begriff in der Welt der geologischen Wissenschaft und kann mit seinem Werk »Über die Witterungsphasen der Vorwelt« (1843) als Pionier der Paläoklimaforschung bezeichnet werden. Er entdeckte, dass die Alpen durch Auffaltung der Erdkruste entstanden sind. Ab 1849 lebte er in bescheidenen Verhältnissen und ohne Anstellung, konnte aber dank Unterstützung des badischen Großherzogs Leopold (1790–1852) im Schwetzinger Schloss wohnen. Bereits seit 1835 Mitglied der in Halle an der Saale beheimateten Deutschen Akademie der Naturforscher Leopoldina, hielt er in seinen letzten Lebensjahren Vorträge auf Naturforschertagungen. Ein weiterer Schwerpunkt seines Wirkens war das Verfassen von Gedichten (»Ode an die Eiszeit«).

In Schwetzingen sind nach dem genialen Forscher eine Schule und eine Straße benannt, das dortige Stadtmuseum bewahrt Schimpers Schädel auf. Auch Mannheim würdigt ihn durch die Benennung einer Straße im Stadtteil Neckarstadt.

Karl Friedrich Schimper, porträtiert um 1866.

Für die Jugend 1985
DRAIS–LAUFRAD 1817
50
+
20
Deutsche Bundespost

1817

Präsentation des ersten Zweirads

Bevor das erste Auto in Mannheim seine Runden drehte, hatte Anfang des 19. Jahrhunderts ein anderer Erfinder für Aufsehen in der Quadratestadt gesorgt, ebenfalls mit einem Fahrzeug, dem Laufrad: Karl Drais. Zwar 1785 in Karlsruhe geboren und dort 1851 verstorben, gehört auch er zu den bedeutenden Mannheimer Tüftlern, die die Geschichte der Mobilität mitgeschrieben haben.

Der als Sohn des (auch in Mannheim tätigen) badischen Hof- und Regierungsrats Karl Wilhelm Ludwig Friedrich Drais Freiherr von Sauerbronn (1755–1830) geborene Erfinder führte ein Leben voller Höhen und Tiefen, er erfuhr Wertschätzung und Diffamierung. Zum Forstbeamten ausgebildet, widmete er sich lieber diversen Erfindungen. So konstruierte er einen »Wagen ohne Pferde«, eine »Schnellschreibmaschine« oder einen »Holzsparherd«. International bekannt wurde er jedoch mit seiner 1817 präsentierten »Laufmaschine«. Dieses Urfahrrad bestand aus einem Holzrahmen und zwei gleich großen hölzernen Rädern, wobei das vordere Rad von einem Deichsellenker gesteuert wurde. In Bewegung setzte sich die Laufmaschine nur durch das abwechselnde Abstoßen mit den Beinen.

Eine öffentliche Testfahrt unternahm Drais am 12. Juni 1817, und zwar von seinem Wohnhaus in M 1, 8 zur Pferdewechselstation in Schwetzingen. Der sieben Kilometer lange Weg war gut ausgebaut, da er Mannheim mit dem Schloss Schwetzingen verband. Als Sensation galt auch die damalige Durchschnittsgeschwindigkeit von 15 Stundenkilometern. Zwar erhielt Drais für sein Zweirad ein Patent, doch auf dem europäischen Markt erschienen immer mehr Nachbauten. Immerhin ernannte ihn 1818 der badische Großherzog Karl (1786–1818) zum Professor für Mechanik. Von 1822 bis 1827 begleitete Drais den Naturforscher Georg Heinrich von Langsdorff (1774–1852) bei einer Brasilien-Expedition. Weitere Erfindungen brachten ihm weder Glück noch Geld. Als überzeugter Demokrat legte er während der Revolution 1849 seinen Adelstitel nieder, er nannte sich fortan »Drais, Professor, Bürger und Mitglied des souveränen deutschen Volkes«. Nach der Niederschlagung der Revolution sanktionierte die Regierung sein Verhalten und strich ihm die Pension.

Alkoholkrank und von Ärzten als »nicht mehr zurechnungsfähig« erklärt, verbrachte er seine letzten Lebensjahre in Armut. Erst viel später wurde sein Lebenswerk gewürdigt; mehrere Briefmarken, Münzen, Straßen und Schulen erinnern an Karl Drais, der in Mannheim die Grundlagen des späteren Fahrrads schuf – und nach dem bis heute die Draisine (»Wagen ohne Pferd«) benannt ist.

▲ Sonderbriefmarke zum 200. Geburtstag von Karl Drais. ▼ Denkmal in Rheinau.

1819

Kotzebue und sein Mörder

Die Ermordung des Schriftstellers August von Kotzebue (1761–1819), der in seinem »Literarischen Wochenblatt« wenige Wochen zuvor die liberale Studentenbewegung der Deutschen Burschenschaft verhöhnt hatte, durch Karl Ludwig Sand (1795–1820) am 23. März 1819 führte zu heftigen Maßnahmen, die unter der Bezeichnung »Karlsbader Beschlüsse« in die Geschichtsbücher eingegangen sind.

Der aus Weimar stammende Kotzebue, ein erfolgreicher Dramatiker, dessen Werke zu seiner Zeit häufiger aufgeführt wurden als die Stücke Johann Wolfgang Goethes (1749–1832), war auch russischer Staatsrat und beobachtete in dieser Funktion für die Regierung in Petersburg die Verhältnisse in Deutschland. Seit 1817 lebte er in Mannheim und wandte sich publizistisch gegen die Ideale der deutschen Nationalbewegung und gegen den Liberalismus. Mit seiner Haltung zog er den Hass der Studenten auf sich, die während des Wartburgfestes im Oktober 1817 auch seine »Geschichte des deutschen Reichs« ins Feuer warfen. Der Theologiestudent Karl Ludwig Sand, einer der Fahnenträger beim Wartburgfest, verschaffte sich am 23. März 1819 Zutritt zu Kotzebue in dessen Wohnung (A 2, 5), und mit den Worten »hier, du Verräter des Vaterlandes« erdolchte er ihn. Die abscheuliche Tat war geplant. Beim Verlassen der Wohnung, kurz bevor Sand einen Selbstmordversuch unternahm, übergab er einem Angestellten Kotzebues seine Schrift »Todesstoß dem August von Kotzebue«.

Sand verbrachte eine einjährige Haftzeit im Zuchthaus Mannheim, bis er unter großer Aufmerksamkeit der Öffentlichkeit am 20. Mai 1820 auf dem Gelände vor dem Heidelberger Tor hingerichtet wurde. Das deutschlandweit beachtete Urteil hatte der Oberhofrichter (und spätere Ehrenbürger der Stadt) Karl Wilhelm Ludwig Friedrich von Drais, Vater des Laufrad-Erfinders, gefällt. Wenige Monate nach der Tat hatte die Bundesversammlung des Deutschen Bundes unter Vorsitz von Staatskanzler Klemens Wenzel Lothar von Metternich (1773–1859) die »Karlsbader Beschlüsse« (unter anderem Verbot der Burschenschaften, Zensur, Einrichtung einer Zentraluntersuchungskommission in Mainz) erlassen. Die rigorosen Überwachungs- und Unterdrückungsmaßnahmen, die zu den Demagogenverfolgungen führten, galten bis 1848.

Kotzebue wurde auf dem Hauptfriedhof beerdigt. Sein Grabstein befindet sich dort noch heute, und zwar nur wenige Meter von dem Gedenkstein für seinen Mörder. Sand wurde zunächst auf dem Lutherischen Friedhof bestattet, doch vor dessen Aufhebung 1869 wurde er auf den Hauptfriedhof überführt. Dort haben auch ihm Freunde und Anhänger ein Denkmal aus gelbem Sandstein gewidmet.

▲ Der Mord am 23. März 1819. ▼ Grabmäler von Kotzebue (links) und Sand (rechts).

HIER RUHT
AUGUST
GEBOREN ZU
GESTORBEN ZU

CARL
LUDWIG
SAND.
Alles Irdische ist vollendet
Und das Himmlische geht auf!

DB
HAUPTBAHNHOF
THE TOOLS FOR A JUST SOCIETY
CONVIVIALITY AGAINST LEITKULTUR

1840

Volldampf voraus: die Eisenbahn

Mit der Eröffnung der Badischen Hauptbahn nach Heidelberg begann im September 1840 für Mannheim die »neue Zeit«, fünf Jahre nach der ersten Eisenbahnfahrt zwischen Nürnberg und Fürth. Der Kopfbahnhof lag am Rande der südlichen Innenstadt in Nähe des heutigen Bismarckplatzes.

Wie bedeutend die Bahn für die Region war, belegt dieses Ereignis: Am 27. Februar 1848 beschloss in Mannheim eine Bürgerversammlung eine Petition an die Regierung. Gefordert wurden die Pressefreiheit und ein geeintes Deutschland mit einem nationalen Parlament. Daraufhin reisten Anfang März rund 400 Bürger mit dem Zug nach Karlsruhe und überreichten Großherzog Leopold diese Petition. Damit förderte die Eisenbahn die Demokratisierung des Landes.

Nachdem 1867 die zweigleisige Eisenbahnbrücke nach Ludwigshafen eröffnet und neue Strecken gebaut worden waren, war ein zeitgemäßer Bahnhof erforderlich, der als Gemeinschaftsprojekt der Badischen und der Preußisch-Hessischen Bahn südöstlich des Schlossgartens als Durchgangsbahnhof errichtet wurde. Der Entwurf des Empfangsgebäudes im Renaissancestil stammte von Oberbaurat Adolf Helbing (1824–1897), der eine symmetrische Anlage mit einem Mittelbau, langgestreckten Flügeln und Eckbauten schuf. Die schlossähnliche Sandsteinfassade mit ihren Rundbogenfenstern ist 160 Meter lang, seit 1910 das Erdgeschoss der Mittelflügel verbreitert wurde. Die prachtvoll gestaltete, 30 Meter hohe Eingangshalle war mit einer Glaskuppel bekrönt und wies zur Stadtseite einen Triumphbogen vor mit dem Schriftzug »Erbaut unter Großherzog Friedrich 1874–76«. Bei der Einweihung des Bahnhofs im Oktober 1876 bestand er aus fünf Gleisen, die auf einer Länge von 162 Metern von einer dreischiffigen Halle überdacht waren.

Mit Inbetriebnahme der Riedbahn nach Frankfurt 1880 und der Nebenbahn nach Heidelberg 1891 waren die Gleisanlagen überfordert, nach 1900 wurden der Personen- und Güterbahnhof erweitert, zusätzliche Gleise verlegt und eine neue Bahnsteighalle errichtet. Im Zweiten Weltkrieg wurde das Empfangsgebäude stark beschädigt, dann in vereinfachter Form unter Verzicht auf die zahlreichen Schmuckelemente wieder aufgebaut. Die letzte große Sanierung erfolgte in den Jahren um 2000. Hinter der historischen Fassade entstand ein moderner Bau, die Eingangshalle erhielt wieder eine Glaskuppel. Heute ist der Hauptbahnhof, der täglich von etwa 118 000 Reisenden aufgesucht wird und in dem rund 240 Fernzüge sowie mehr als 400 Regionalbahnen verkehren, der wichtigste Verkehrsknotenpunkt Südwestdeutschlands.

▲ Der Mannheimer Hauptbahnhof um 1900. ▼ Das Eingangsportal des um 2000 sanierten Hauptbahnhofs.

1842

Denkmäler auf dem Hauptfriedhof

Mit seiner Eröffnung im Juli 1842 löste der Hauptfriedhof die konfessionellen Begräbnisstätten in der Innenstadt ab. Damals drei Hektar, heute 34 Hektar groß, verfügt er über einen alten Baumbestand und über bemerkenswerte Denkmäler. Eindrucksvoll präsentiert sich der Eingang, der 125 Meter breite Arkadenbau, ein Werk des Stadtbaumeisters Anton Mutschlechner (1795–1846).

Auf dem Areal befinden sich ein Gedächtnisort für 30 Soldaten, die während des Deutsch-Französischen Krieges 1870/71 in den Mannheimer Lazaretten verstorben sind, sowie ein Mahnmal, das an die Opfer der Euthanasie-Morde während der NS-Diktatur erinnert. Auch wird auf dem Ehrenfeld sowjetischer und polnischer Kriegsgefangener und zu Tode gekommener KZ-Häftlinge gedacht.

Entdeckungsreich sind die denkmalgeschützten Grabstätten aus der zweiten Hälfte des 19. Jahrhunderts. Sie sind aus verschiedenem Material, sehr unterschiedlich in der Formensprache (Pyramiden, Säulen, Grabaltäre, Grabkreuze) und haben zahlreiche Verzierungen und Symbole. Efeu, Eichenblätter und Rosen stehen für Unsterblichkeit, Sieg (über den Tod), Liebe. Zierleisten, Kränze, Schalen mit Früchten und Blumen gehören zum filigranen Schmuckwerk der Denkmäler.

Wer schon zu Lebzeiten privilegiert war, dem sollte auch nach dem Tod größere Aufmerksamkeit gelten. Zu den imposanten Grabstellen gehören die Bauten für die Unternehmer Wilhelm Gustav Dyckerhoff (1805–1894), Christoph Heinrich Boehringer (1820–1882), Friedrich Engelhorn (1821–1902), Ferdinand Scipio (1837–1905) und Heinrich Lanz (1838–1905). Etwas schlichter sind die Grabmäler für Politiker wie Ludwig Jolly (1780–1853), Friedrich Daniel Bassermann (1811–1855) und Otto Beck (1846–1908). Ihre letzte Ruhestätte haben hier auch Carl Reiß (1843–1914), der Stifter der heutigen Reiss-Engelhorn-Museen, und der Historiker Franz Schnabel (1887–1966). Ein »Stein für die Ewigkeit« wurde ebenso engagierten Frauen gesetzt, etwa der Frauenrechtlerin Julie Bassermann (1860–1940) und Louise Weyland (1758–1837); die bayerische Hofrätin und Erzieherin König Ludwigs I. (1786–1868) verbrachte ihren Lebensabend in Mannheim.

Ein »Prachtbau« im Stil eines antiken Tempels ist das 1900 eröffnete Krematorium (in seiner Funktion 1983 durch einen Neubau abgelöst, seitdem Urnenhalle). Mit der Ansammlung prominenter Namen gleicht der Friedhof einem Geschichtsbuch; auf dem parkähnlichen Gelände spiegeln sich rund 200 Jahre Kultur- und Sozialgeschichte wider.

▲ Eingangsfassade des Hauptfriedhofs an der Röntgenstraße. ▼ Das 1900 eröffnete Krematorium, seit 1983 Urnenhalle.

1848

Veteranen ehren sich

Vor dem Reiss-Engelhorn-Museum steht ein pyramidenförmiges Veteranendenkmal, das »den unter Napoleons Fahnen Gefallenen« gilt, vor allem aber »den im Kampfe für das Vaterland Gefallenen«. Mit ihm wird der Soldaten gedacht, die zunächst für die Feldzüge Napoleons zwangsrekrutiert wurden und dann gegen ihn antraten.

Von den rund 1700 Soldaten des Mannheimer Infanterieregiments, die 1812 am französischen Russlandfeldzug teilnehmen mussten, weil das Großherzogtum Baden zu dem von Napoleon abhängigen Rheinbund gehörte, kehrten nur hundert in ihre Heimat zurück. Nachdem die Gegner Frankreichs, preußische, österreichische und russische Truppen, Mannheim eingenommen und zum Jahreswechsel 1813/14 bei Sandhofen den Rhein überquert hatten, drängten sie die französische Armee zurück und leiteten damit das Ende Napoleons ein. Die durchziehenden Armeen quartierten sich in Mannheimer Häusern ein und requirierten Lebensmittel, sodass für die Einheimischen nicht viel übrig blieb. Jahrzehnte später sahen die Überlebenden in den Feldzügen ein Abenteuer, das sie überstanden hatten; sie setzten sich nun selbst ein Denkmal.

Es wurde geplant von Jakob Hochstetter (1812–1880), Professor für Baukunst am Polytechnikum Karlsruhe, und im Revolutionsjahr 1848 von dem Bildhauer Michael Arnold (1824–1877) ausgeführt. Das fünf Meter hohe Denkmal aus gelbem Buntsandstein steht auf einem Sockel. Die Vorderseite zeigt ein Relief mit Regimentsfahnen, Eichenlaub und das badische Wappen. Im unteren Teil liegt der (bayerische) Löwe – dieses Wappentier, Bestandteil des Stadtwappens, dokumentiert die einstige Zugehörigkeit der Stadt zur Kurpfalz (bis 1806); der ruhende Löwe symbolisiert den Frieden. Auf der Rückseite sind Kriegsgerätschaften sichtbar, die anderen Seiten enthalten die Inschriften: »Unter der Regierung des Großherzogs Leopold von den mit der Kriegsdienstmedaille decorirten Grosh. Bad. Veteranen gestiftet« und »Den im Kampfe für das Vaterland gefallenen Gr. Bad. Kriegern zum ehrenden Andenken nach 33jährigem Frieden gewidmet am 15. November 1848«.

Im Oktober 1863, zum 50. Jahrestag der Völkerschlacht bei Leipzig, übergab der Veteranenverein, Stifter des Denkmals, das Bauwerk an die Stadt, die seitdem für den Unterhalt des Erinnerungsortes zuständig ist.

Das 1848 aufgestellte Veteranendenkmal.

1865

Engelhorn gründet die BASF

Kaum eine andere Persönlichkeit ist mit Mannheim so sehr verbunden wie Friedrich Engelhorn, ein »Tausendsassa«, obwohl ihm beruflicher Erfolg nicht in die Wiege gelegt war. In der Volksschule urteilten die Lehrer über ihn, er sei »schwatzhaft« und »zerstreut«, dann brach er die weiterführende Schule vorzeitig ab. Doch Neugierde, Tatkraft und Ausdauer waren sein Lebenselixier.

Geboren in P 5, 1 im Juli 1821 als viertes Kind eines Bierbrauers und Gastwirts, ließ Friedrich Engelhorn sich zum Gold- und Silberschmied ausbilden, bevor er auf Wanderschaft ging. Seit Ende 1846 Goldschmiedemeister mit eigenem Geschäft, heiratete er 1847 Marie Brüstling (1825–1902), mit der er zwölf Kinder hatte. Überregionale Bekanntheit erreichte er als besonnener Oberbefehlshaber der Bürgerwehr in der Spätphase der Revolution, als er im Juni 1849 ohne Blutvergießen die Stadt der preußischen Armee übergab. Im Vorjahr hatte er in K 5 eine Gasfabrik gegründet, 1851 war er am Bau des städtischen Gaswerks beteiligt (K 6), dessen kaufmännische Leitung er übernahm. Seitdem erstrahlte die Innenstadt in neuem Licht.

Eine Idee ergab die andere, und so gründete er 1860 eine Teerfarbenfabrik. Den Höhepunkt erreichte der couragierte Unternehmer am 6. April 1865. Mit weiteren Teilhabern gründete er in D 3, 12 die Badische Anilin- & Sodafabrik (BASF), die nicht nur Farbstoffe, sondern auch die für die Produktion erforderlichen Vor- und Hilfsprodukte an einem Standort herstellen wollte. Aufgrund eines fehlenden Geländes wurde die Fabrik dann nicht in Mannheim, sondern in Ludwigshafen errichtet. Doch Engelhorn engagierte sich auch außerhalb der chemischen Industrie, er war Mitbegründer der Pfälzischen Ludwigsbahn, der Rheinischen Creditbank und der Mannheimer Versicherung, an zahlreichen weiteren Firmen war er beteiligt.

Wohlhabend und allseits anerkannt, ließ er sich Mitte der 1870er-Jahre in A 1, gegenüber dem Schloss, das (1961 abgerissene) Palais Engelhorn im repräsentativen Renaissancestil erbauen. Auch als Mäzen wirkte er, der 1883 vom bayerischen König Ludwig II. (1845–1886) zum Kommerzienrat ernannt worden war. 1897, fünf Jahre vor seinem und seiner Frau Tod gründete er die »Friedrich und Marie Engelhorn-Stiftung«. Das Andenken an eine der bemerkenswertesten Unternehmerpersönlichkeiten des 19. Jahrhunderts und deren Familie lebt auf vielfältige Weise weiter, unter anderem mit dem Friedrich-Engelhorn-Archiv, das in der Villa Engelhorn untergebracht ist. Dieses Palais ließ sich Friedrich Engelhorn Junior (1855–1911), Geschäftsführer der Firma C. F. Boehringer und Söhne, in der Werderstraße bauen.

Friedrich Engelhorn, Gründer der BASF.

1867

Albert Bassermann betritt die Welt

Die Erinnerung an Albert Bassermann ist weitgehend verschwunden, doch in Mannheim hat der Name noch immer einen guten Klang. Kein Wunder, denn der Schauspieler kam hier im September 1867 als Sohn des Nähmaschinenherstellers Johann Wilhelm Bassermann (1839–1906) und dessen Frau Anna (1841–1902) zur Welt. Sein Onkel war der weit gereiste Theaterschauspieler und Regisseur August Bassermann (1847–1931), der von 1895 bis 1904 Intendant des Mannheimer Hoftheaters war.

Albert, Schüler des Realgymnasiums und von 1884–1886 Student der Chemie in Karlsruhe und Straßburg, arbeitete kurzzeitig als Chemiker in der Zellstoff-Fabrik Waldhof, doch sein Interesse galt dem Theater. Sicherlich beeinflusst von seinem Onkel August, der seit 1886 am Nationaltheater als Schauspieler engagiert war, absolvierte Albert 1887 dort ein Praktikum, bevor er Gastspiele an zahlreichen deutschen Bühnen wahrnahm. Über kleinere Häuser (Heidelberg, Kaiserslautern, Lüneburg, Baden-Baden, Meiningen) machte er sich einen Namen, bis er, nach einer Saison in Mannheim, ab 1895 bis 1918 am Berliner Theater, am Lessing-Theater und am Deutschen Theater in der Hauptstadt zu Ruhm und Ehre kam.

Bereits 1911 erhielt er von Friedrich Haase (1825–1911) den legendären Iffland-Ring, einen besonderen Fingerring des Schauspielers August Wilhelm Iffland (1759–1814), der wiederum 1782 bei der Uraufführung von Schillers »Räubern« am Nationaltheater mitgewirkt hatte. Dieser Ring soll dem »jeweils bedeutendsten und würdigsten Bühnenkünstler des deutschsprachigen Theaters« auf Lebenszeit verliehen werden. Bassermann war so bekannt und anerkannt, dass er auf eine Festanstellung verzichten und nach dem Ersten Weltkrieg als freischaffender Künstler leben konnte. Als einer der ersten Theaterschauspieler ließ er sich für das noch neue Medium Film engagieren. 1913 trat er in gleich drei Filmen auf (»Der Andere«, »Der letzte Tag«, »Der König«), bis 1933 spielte er in mehr als 40 deutschen Produktionen.

In der Presse hieß es 1918: »Albert Bassermann ist unstreitig Deutschlands bester Schauspieler … der Schauspieler von Weltruf.« Im Gegensatz zu vielen seiner Kollegen und vor allem Kolleginnen, die vor allem ihres Aussehens wegen zum Star des Stummfilms geworden waren, gelang ihm mühelos der Übergang zum Tonfilm. Wegen seiner Verdienste verlieh ihm die Stadt Mannheim 1929 die Ehrenbürgerwürde. Auf Drängen des Propagandaministers Joseph Goebbels (1897–1945) wirkte Bassermann im April 1933 an der Uraufführung von Hanns Johsts (1890–1978) Drama

Albert Bassermann, einst einer der bekanntesten Schauspieler Deutschlands.

»Schlageter« im Staatstheater am Gendarmenmarkt in Berlin mit. Beim Schlussapplaus hob er als einziger Schauspieler nicht den Arm zum Hitlergruß.

Da seine Frau und Kollegin Else (1878–1961), die er 1908 geheiratet und mit der er die Tochter Carmen (1908–1970) hatte, jüdischer Konfession war und nicht auftreten durfte, emigrierte er mit seiner Familie 1934 nach Österreich, fünf Jahre später in die USA. Dort wirkte er in zahlreichen Bühnen- und Filmrollen, unter anderem spielte er eine Nebenrolle in Alfred Hitchcocks Film »Der Auslandskorrespondent« (1940) und wurde für den Oscar nominiert. Nach dem Zweiten Weltkrieg pendelte er zwischen den USA und Europa, wo er bis 1951 in Filmen, Hörspielen und auf der Bühne wirkte. 1949 überreichte ihm seine Geburtsstadt die Schiller-Plakette. Diese erstmals 1939 verliehene Auszeichnung erhielt Bassermann, da er sich »besondere Verdienste um das kulturelle Leben der Stadt« erworben hatte. Im Mai 1952 verstarb er auf dem Flug von New York nach Zürich in den Armen seiner Frau. Er wurde auf dem Mannheimer Hauptfriedhof beerdigt.

Seit 1950 erinnert die Bassermannstraße an die bedeutende Mannheimer Familie Bassermann. Sie gilt neben Albert auch dem Schauspieler August und dem Unternehmer und Politiker Friedrich Daniel Bassermann (1811–1855) sowie dessen Vetter, dem Juristen Anton Bassermann (1821–1897) und dessen Sohn Ernst (1854–1917). Dieser war unter anderem Vorsitzender der Nationalliberalen Partei. Seine Frau Julie (1860–1940) war ebenfalls politisch engagiert: 1904 wurde sie Präsidentin des Badischen Frauenvereins und von 1911 bis 1933 war sie Vorsitzende des Badischen Verbands für Frauenbestrebungen. Und auch Else, die Frau Albert Bassermanns, sollte in das Gedenken einbezogen werden, denn auch sie hat in etlichen Filmen mitgewirkt und ihren Mann auf zahlreichen Tourneen begleitet. Nach dessen Tod war sie von 1953 bis 1955 am Stadttheater Göttingen engagiert. Anschließend schrieb sie als freie Mitarbeiterin einige Artikel für den »Mannheimer Morgen«. Als Witwe eines Mannheimer Ehrenbürgers erhielt Else von der Stadt eine kleine Rente. 1961 verstarb sie in Baden-Baden, wo sie auch beerdigt wurde.

Mannheim ist die Geburtsstadt zahlreicher Persönlichkeiten überregionaler Bedeutung, dazu zählen die Schauspieler Carl Raddatz (1912–2004) und Nina Kunzendorf (geb. 1971), international bekannte Künstler wie die Opernsängerin Anneliese Rothenberger (1919–2010) und innovative Unternehmer wie Friedrich Engelhorn (1821–1902), Rudolf Dyckerhoff (1842–1917), Heinrich Lanz (1873–1921). Ihre Wurzeln haben hier auch die Politiker Hermann Müller (1876–1931) und Gerhard Meyer-Vorfelder (1933–2015) sowie die Sportler Sepp Herberger (1897–1977) und Steffi Graf (geb. 1969).

▲ Die Grabstätte der Familie Bassermann auf dem Hauptfriedhof. ▼ Das Museum Bassermannhaus für Musik und Kunst (C 4, 9).

ANTON BASSERMANN
LANDTAGSABGEORDNETER
MARIE BASSERMANN
GEBORENE EISENLOHR
ERNST BASSERMANN
STADTRAT
REICHSTAGSABGEORDNETER
MAJOR D·L
HANS DIETRICH
HELMUTH BASSERMANN
JULIE BASSERMANN
GEB. LADENBURG

rem | bassermannhaus

MDCCCLXV
Mannheim Rheinbrücke

1874

Baubeginn der Teufelsbrücke

Eine Liebeserklärung erfuhren die Mannheimer Brücken durch Joy Flemings (1944–2017) »Neckarbrückenblues« (1971), den sie auf Mannemerisch sang und der Ausgangspunkt ihrer erfolgreichen Solokarriere war. Mehr als 30 Brücken verschiedenster Art und unterschiedlichster Geschichte erfüllen an Rhein und Neckar ihre verbindende Funktion.

Zu den bedeutenden Verbindungen gehören die beiden stark frequentierten Brücken zwischen Mannheim und Ludwigshafen und damit zwischen Baden-Württemberg und Rheinland-Pfalz. Die Konrad-Adenauer-Brücke dient als Eisenbahn-, Straßen- und Straßenbahnbrücke. Diese rund 270 Meter lange Verbindung wurde im Oktober 1959 eingeweiht und löste damals eine Behelfsbrücke der Nachkriegszeit ab, ihren heutigen Namen erhielt sie 1967, nach dem Tod des Bundeskanzlers Konrad Adenauer (1876–1967). Vorgängerbau war die 1867/68 fertiggestellte Eisenbahn- und Straßenbrücke, eine schmiedeeiserne Fachwerkkonstruktion, eine der ältesten festen Rheinbrücken überhaupt. 1200 Meter weiter nördlich befindet sich die 1972 eröffnete vierspurige Kurt-Schumacher-Brücke. Geplant von dem Bauingenieur Fritz Leonhardt (1909–1999), war sie weltweit die erste Schrägseilbrücke, die mit Paralleldrahtbündel errichtet wurde; mit ihrem 72 Meter hohen Pylon (ab Brückendecke) stellt sie eine eindrucksvolle Architektur dar.

Über den Neckar führen im Innenstadtbereich drei Brücken. Älteste Verbindung ist die annähernd 190 Meter lange Kurpfalzbrücke von 1950 am Alten Meßplatz. An ihrer Stelle standen zwei Vorgängerbrücken: erst die schon 1845 errichtete Kettenbrücke, die dann durch die Friedrichsbrücke abgelöst wurde. Dieser 1891 eingeweihte Neubau (seit 1901 mit Straßenbahnbetrieb) war nach dem badischen Großherzog Friedrich I. (1826–1907) benannt. Die 240 Meter lange Jungbuschbrücke wurde 1957 in Betrieb genommen, auch sie hatte unter dem Namen »Zweite Neckarbrücke« einen Vorgängerbau (1908), der zwischen 1933 und 1945 nach Reichspräsident Paul von Hindenburg (1847–1934) benannt war. Die heutige Friedrich-Ebert-Brücke als dritte Querung ist ein 180 Meter langer Neubau aus dem Jahr 2006. Bereits ihr erster Vorgängerbau (1926) trug den Namen des Reichspräsidenten Ebert (1871–1925); zwischen 1933 und 1945 hieß sie Adolf-Hitler-Brücke. Die Geschichte dieser Brücken ist auch eine Geschichte der Bevölkerungszunahme und der Stadterweiterung.

▲ Älteste Brücke Mannheims ist die 1878 vollendete Teufelsbrücke. ▼ Die Rheinbrücke (1868), Vorgängerin der Konrad-Adenauer-Brücke, verband Mannheim mit Ludwigshafen.

Zwischen Friedrich-Ebert- und Kurpfalzbrücke liegt der 253 Meter lange Collini-Steg (1975) für Fußgänger. Von Bedeutung ist weiterhin die (endgültig erst 1964 fertiggestellte) Theodor-Heuss-Brücke, über die bei Rheinkilometer 433 die A 6 führt. Ihr Baubeginn fällt ins Jahr 1938, kriegsbedingt erfolgte der Weiterbau erst ab den 1950er-Jahren, bereits damals wurde der 830 Meter lange Bau nach Bundespräsident Heuss (1884–1963) benannt. Wichtig für den Bahnverkehr ist die zweigleisige und 260 Meter lange Riedbahnbrücke bei Feudenheim, Teil der Bahnstrecke Mannheim–Frankfurt am Main. Vollendet 2009, löste sie Vorgängerbrücken ab; die erste wurde bereits 1880 in Betrieb genommen. Direkt daneben steht seit 1980 der Riedbahnsteg für Fußgänger und Radfahrer. Zu den weiteren Brückenbauten gehört die Diffenébrücke (1988), die von Luzenberg auf die Friesenheimer Insel führt und nach Philipp Diffené (1833–1903), Politiker und langjähriger Präsident der Mannheimer Handelskammer, benannt ist. Der Vorgängerbau dieser Klappbrücke (Bahn- und Straßenverkehr) stammt aus dem Jahr 1902. Die Helmut-Schmidt-Brücke verbindet am Hauptbahnhof die Innenstadt mit Lindenhof, Pendant im Osten ist der Neckarauer Übergang. Weitere Brücken gibt es in den Stadtteilen, so die Carlo-Schmid-Brücke (Neuostheim–Feudenheim), im Rangierbahnhof oder im Hafen (wie Neckarvorland- und Spatzenbrücke).

Die Rhein- und Neckarbrücken wurden 1945 von Angehörigen der Wehrmacht gesprengt, nicht aber die Teufelsbrücke, die daher die älteste noch vorhandene Brücke in Mannheim ist. Zwischen 1874 und 1878 errichtet, verbindet sie den Jungbusch über den Verbindungskanal mit dem Hafengebiet, sie stellt damit die Verbindung her zwischen der Jungbuschstraße dies- und jenseits des Kanals. Daher hieß sie ursprünglich Jungbuschbrücke. Bereits 1902 wurde ihr mittlerer Teil zu einer Drehbrücke umgebaut, damit Schiffe passieren konnten. Ab 1915 fuhr über die Brücke sogar die Straßenbahn, seit 1972 steht sie unter Denkmalschutz (seitdem ist die Drehung außer Betrieb). Inzwischen für den Autoverkehr gesperrt, wurde sie 2015 umfangreich saniert. Sie ist ein besonderes Kulturdenkmal des Industriezeitalters. Wie die Brücke im Handelshafen zu ihrem sonderbaren Namen kam, ist nicht zweifelsfrei geklärt. Vielleicht haben Straßenbahnfahrer und Fuhrleute sie als »Teufelsbrücke« verdammt, da sie beim Drehen der Brücke für die Durchfahrt der Schiffe längere Zeit warten mussten. Eine andere Quelle vermutet, bereits zu Beginn des 20. Jahrhunderts sei der Zustand der Brücke so marode gewesen, dass die Kutscher sie zum Teufel gewünscht hätten.

Neckarbrücke heißt die 165 Meter lange, 1927 in Betrieb genommene (und 1953 erneuerte) Brücke zwischen Seckenheim und Ilvesheim. Doch die Neckarbrücke, über die Joy Fleming ihren Karl gehen lässt, mag eine der innerstädtischen Verbindungen sein: »Er geht widder üwwer die Mannemer Brick, die Mannemer Neckarbrick.«

▲ Vorgängerin der Kurpfalzbrücke war die 1891 eröffnete Friedrichsbrücke. ▼ Die heutige Diffenébrücke (1988) ist eine Klappbrücke zum Industriehafen.

MANNHEIM
Friedrichsbrücke

Sonderfahrt

5716
rnv

1878

Straßenbahn zuerst mit Pferden

Nachdem 22 Jahre lang Pferde das Straßenbahnnetz von Mannheim bedient hatten (zeitweilig auch eine Dampfstraßenbahn), begann im Jahr 1900 auch hier der Antrieb mit Strom. In diesen Jahren stellten viele Städte den Betrieb der Pferdebahn auf die elektrische Straßenbahn um. Eine Vorreiterrolle spielte Frankfurt, wo das neue Verkehrsmittel seit 1884 in Betrieb war, es folgten Darmstadt (1897) und Karlsruhe (1900).

Ab Mitte 1902 (bis Ende 1964) bestand eine Straßenbahngemeinschaft mit Ludwigshafen. Schon damals betrug das Streckennetz 50 Kilometer, in den folgenden 20 Jahren wurden kontinuierlich Vororte angeschlossen und mit dem modernen Verkehrsmittel bedient, das häufig nur »die Elektrisch« genannt wurde. Bis zum Ausbruch des Ersten Weltkrieges 1914 kamen nach und nach nur noch geschlossene Wagen zum Einsatz, während des Krieges bot die Straßenbahn Frauen als Schaffnerinnen und Wagenführerinnen einen Beruf. Seine größte Ausdehnung hatte das Mannheimer Straßenbahnnetz Mitte der 1920er-Jahre mit 87 Kilometern. Schon in dieser Zeit dienten die Bahnen als Werbefläche. Damals lösten die mit Leder überzogenen Polstersitze die einfachen Holzbänke ab, auch wurden die Bahnen mit Heizungen ausgestattet.

Gegen Ende des Zweiten Weltkrieges wurden die Wagenhallen zerstört, ebenso ein Großteil der Gleisanlagen, doch bereits im Dezember 1948 fuhr die Straßenbahn wieder über die neu errichtete Rheinbrücke nach Ludwigshafen. Ab Mitte der 1950er-Jahre fanden erste Streckenstilllegungen statt, neu hinzu kamen dagegen die Linien von Waldhof nach Schönau (1964) und nach Vogelstang (1969). 1971 wurde eine kurze Tunnelstrecke unter dem Luisenring errichtet (Haltestelle Dalbergstraße), mehr als zwei Jahrzehnte später führte eine neue Linie vom Hauptbahnhof nach Neckarau West (1995) und zur Rheingoldhalle (1999). Das heutige Verkehrsunternehmen, die Rhein-Neckar-Verkehrs GmbH (rnv), die seit 2005 den öffentlichen Personennahverkehr in der Rhein-Neckar-Region betreibt, unterhält in Mannheim eine Streckenlänge von etwa 80 Kilometern und in Ludwigshafen von 24 Kilometern, insgesamt verkehren 13 Straßenbahnlinien mit 127 Haltstellen.

Zum Stadtbild gehörten auch die Wagen der traditionsreichen Oberrheinischen Eisenbahn-Gesellschaft (OEG), die 2010 in der rnv aufging. Ausgestattet mit innovativer Technik, zeitgemäßem Design und einer kundenorientierten Taktung, verfügt Mannheim mit seinen Straßenbahnen über ein attraktives Beförderungsmittel, das auf eine rund 150-jährige Geschichte zurückblicken kann.

▲ Früher ein alltägliches Verkehrsmittel, heute ein mietbares »Eventfahrzeug«: die Straßenbahn von 1927. ▼ Die modernen Bahnen der rnv sind Teil des Stadtbildes.

1888

Die Autofahrt der Bertha Benz

Kaum eine Erfindung hat den Alltag der Menschen so sehr verändert wie das Auto. Doch für sein erstes Automobil, den »Benz Patent-Motorwagen Nummer 1«, ein »Fahrzeug mit Gasmotorenbetrieb«, mit dem Carl Benz (1844–1929) am 3. Juli 1886 die erste öffentliche Probefahrt durch Mannheim unternahm, erntete der geniale Konstrukteur und Unternehmer zunächst nur Spott und Hohn. Schließlich war es seine Frau Bertha (1849–1944), die zum Erfolg des Unternehmens beitrug.

Im Jahr 1871 hatte Carl Benz eine Eisengießerei in Mannheim gegründet, sie bildete den Grundstock für sein späteres Unternehmen, die Benz & Cie. Rheinische Gasmotorenfabrik in Mannheim (1883). Diese einst im Quadrat T 6, 11 (heute T 6, 33) ansässige Firma gilt als erster Automobilhersteller in Deutschland. Hier entstand das legendäre dreirädrige Fahrzeug mit einem Viertaktmotor, das im November 1886 vom Kaiserlichen Patentamt in Berlin die Nummer 37435 erhielt. Wenig später siedelte Benz mit seiner Motorenfirma in die Neckarstadt über, ab 1898 entstand auf dem Waldhof ein weiteres Werk. Zu dieser Zeit wurden weltweit an keinem anderen Ort mehr Autos produziert als in der Quadratestadt. 1903 verließ der Ingenieur das inzwischen in eine Aktiengesellschaft umgewandelte Unternehmen und gründete in Ladenburg einen eigenen Betrieb.

Der Aufstieg aus bescheidenen Anfängen war nur dank Bertha Ringer möglich, die Benz 1872 in deren Geburtsstadt Pforzheim geheiratet hatte. Sie brachte das nötige Kapital, aber auch Verständnis, Interesse und Zuversicht mit in die Ehe. Da das erste zum Verkauf angebotene Fahrzeug, der »Benz Patent-Motorwagen Nummer 3«, nicht den gewünschten Absatz erzielte, unternahm Bertha Benz am 5. August 1888 mit ihren Söhnen Eugen (1873–1958) und Richard (1874–1955) ohne Wissen ihres Mannes eine erste Fernfahrt. Ziel waren ihre Eltern im 106 Kilometer entfernten Pforzheim.

Südlich von Heidelberg ging dem Fahrzeug zum ersten Mal der Sprit aus. Das Benzin, damals Ligroin genannt und als Reinigungsmittel verwendet, kauften sie in der Wieslocher Stadt-Apotheke, die seither als erste Tankstelle gilt. Auf der Fahrt hatten die mutigen Abenteurer weitere Schwierigkeiten zu meistern, Herausforderungen waren das Kühlen des Motors und das Bremsen beim Bergabfahren. Selbst innovativ, ließ Bertha Benz auf der Rückfahrt bei einem Schuster die Bremsklötze mit Leder

▲ Bertha Benz und ihr Mann, der Erfinder Carl Benz. ▼ Der erste elektrische Personenaufzug, 1880 in Mannheim durch Werner von Siemens vorgestellt.

CARL
1844-1929

beschlagen, die verstopfte Benzinleitung reinigte sie mit ihrer Hutnadel, und das abgewetzte Zündkabel reparierte sie mit einem Strumpfband. Carl Benz, zunächst alles andere als begeistert, zollte seiner Frau bei der Rückkehr nach drei Tagen Respekt. Mit ihrer Pioniertat demonstrierte sie die Alltagstauglichkeit der »pferdelosen Kutsche« und verhalf somit dem von ihrem Mann konstruierten Wagen zur Popularität; ihr ist der wirtschaftliche Erfolg des Unternehmens zu verdanken. In die Geschichtsbücher ging sie als erste Autofahrerin und Erfinderin der Bremsbeläge ein.

Berthas Wagen befindet sich seit mehr als 100 Jahren im Science Museum in London, doch auch hierzulande lebt die Erinnerung an eine außergewöhnliche Frau weiter: Ihren Namen tragen seit 2008 die Realschule in Wiesloch und seit 2013 die Berufsbildende Schule in Sigmaringen. Außerdem bietet das 2005 eröffnete Automuseum Dr. Carl Benz in Ladenburg Einblicke in ihr privates Leben, und die »Bertha Benz Memorial Route« ist eine seit 2008 ausgeschilderte Ferienstraße, die weitgehend der historischen Strecke der ersten Autofahrt von Bertha Benz und ihren Söhnen folgt.

Doch nicht nur Bertha und Carl Benz, Karl von Drais und Karl Lanz haben die Mobilisierung der Gesellschaft nachhaltig beeinflusst, auch der Elektroingenieur Werner von Siemens (1816–1892) hat in Mannheim eine wegweisende Erfindung vorgestellt: Am 11. Juli 1880 präsentierte er auf der Pfalzgau-Ausstellung den ersten elektrischen Personenaufzug der Welt. Die landwirtschaftlich-gewerbliche Messe fand auf einer Grünanlage nordwestlich des Schlosses statt und zog Architekten und Ingenieure aus der ganzen Welt an, die das neben dem Zollgebäude errichtete »Wunderwerk der Technik« von Siemens und Johann Georg Halske (1814–1890) bestaunten. Die neuartige Konstruktion, bei der erstmals Energie durch Kabel bezogen wurde, beförderte sechs Personen 20 Meter hoch, die Geschwindigkeit betrug einen halben Meter pro Sekunde. Während der Ausstellung nutzten rund 8000 interessierte Menschen die Gelegenheit, um mit der neuartigen Sensation geräuschlos in die Höhe zu schweben und die Aussicht auf Stadt und Rhein zu genießen. Die Aufzugstechnik hatte zwar noch Schwächen, doch der hier vorgestellte Dynamomotor galt als Vorbild und war zudem kostengünstig in Bau und Betrieb. In den kommenden Jahren wurden verschiedene Techniken kombiniert und professionalisiert, nun stand dem Bau von Hochhäusern nichts mehr im Wege. Elektrische Aufzüge ersetzten fortan das beschwerliche Treppensteigen.

Denkmal für Carl Benz von Max Laeuger (1933) mit Nachbau des Patent-Motorwagens in der Augustaanlage.

Inbetriebnahme des Wasserturms

Mannheim hat mehrere markante und geschichtsträchtige Bauwerke: den Fernsehturm, den Hauptbahnhof, das Schloss, die Sternwarte, den Rosengarten oder das Collini-Center, doch *das* Wahrzeichen der Stadt ist der 60 Meter hohe Wasserturm am Friedrichsplatz.

Mit der Industrialisierung und dem Bevölkerungswachstum ab der Mitte des 19. Jahrhunderts stieg der Bedarf an Trinkwasser, und die Notwendigkeit einer professionellen Wasserversorgung wurde deutlich. Bis um 1900 war der überwiegende Teil der Stadtbevölkerung an das Leitungswassernetz angeschlossen, wobei ein Großteil des Trinkwassers zunächst vom Wasserwerk Käfertal (1888) geliefert wurde. Vor dieser fortschrittlichen Versorgung mit frischem Leitungswasser dienten zahlreiche öffentliche Pumpbrunnen der Wasserversorgung.

In der damals etwa 75 000 Einwohner zählenden Innenstadt bedurfte es eines eigenen Wasserturms, für dessen Bau der Stadtrat 1885 einen Wettbewerb ausschrieb. 74 Entwürfe wurden eingereicht, von denen der Plan des jungen Architekten Gustav Halmhuber (1862–1936) aus Stuttgart überzeugte. Die technischen Planungen (das Behältervolumen war auf 2000 Kubikmeter ausgelegt) stammten vor allem von dem österreichischen Ingenieur Oskar Smreker (1854–1935). Spatenstich für den viergeschossigen Rundturm aus gelbem Pfälzer Sandstein mit zwei Freitreppen, einem Umgang und zwei Eingängen war am 1. Juli 1886, im März 1889 war das repräsentative Gebäude fertig und ging in Betrieb. Nicht nur die Turmfassade im neobarocken Stil war für einen Zweckbau sehr aufwendig gestaltet, ebenso filigran präsentierte sich der Turmhelm, bekrönt von der Meeresgöttin Amphitrite, sodass der Bau auch als »runde Grabkapelle« verspottet wurde. Zum Turm gehören imposante Steinfiguren und zwei große Wasserbecken mit Nixen, Tritonen und Zentauren.

Im Zweiten Weltkrieg beschädigt, trug der Turm jahrelang ein Behelfsdach. Bürgerproteste verhinderten eine Modernisierung zugunsten der originalgetreuen Rekonstruktion, die 1963 erfolgte. Bereits seit 1909, mit Inbetriebnahme des Wasserturms Luzenberg, diente der Hochbehälter lediglich als Vorratsspeicher, bis zu seiner Stilllegung im Jahr 2000 als Reservebehälter; 1987 wurde das stadtbildprägende Bauwerk unter Denkmalschutz gestellt.

Südöstlich vom Turm befindet sich eine halbkreisförmige Grünanlage, um 1900 nach Plänen des Berliner Architekten Bruno Schmitz (1858–1916) angelegt, an die sich die Augustaanlage mit ihren eindrucksvollen Jugendstilhäusern anschließt.

▲ Blick auf Wasserturm und Wasserspiele (1935). ▼ Der Friedrichsplatz: einer der schönsten Jugendstil-Plätze Deutschlands.

LUISENPARK
HERZLICH WILLKOMMEN

1892

Park mit vielen Attraktionen

Wohl kaum ein Ort Mannheims ist generationenübergreifend so beliebt wie der Luisenpark, der auch alljährlich unzählige Schulklassen aus der Region anzieht. Die Bewegung an der frischen Luft inmitten eines Blütenzaubers und zahlreicher Attraktionen wird dann oftmals einem Museumsbesuch vorgezogen oder mit diesem kombiniert.

Wo Friedrich Engelhorn (1821–1902) 1865 gern die BASF angesiedelt hätte, entstand ab Mitte der 1870er-Jahre im Zuge der Stadterweiterung im Osten ein neuer Stadtteil (Oststadt), für den von Anfang an ein Park entlang des Neckars vorgesehen war. Wie für Mannheim typisch, stand für diese Grünanlage eine Stiftung als Grundstock zur Verfügung, die der Botaniker Carl Wilhelm Casimir Fuchs (1837–1886) der Stadt testamentarisch vermacht hatte. Mit der Gestaltung begann ab 1892 die Frankfurter Gartenbaufirma Gebrüder Siesmayer. Dieser Teil des Areals, der als »Unterer Luisenpark« bekannt ist, wurde 1896 nach der badischen Großherzogin Luise (1838–1923) benannt.

Um 1900 ließ die Stadt den Park um 20 Hektar erweitern und sukzessive bebauen, in den folgenden drei Jahrzehnten entstanden im »Oberen Luisenpark« ein Palmenhaus, ein Sportplatz, der idyllische Kutzerweiher und schließlich das Planetarium. Weitere Attraktionen wie das Pflanzenschauhaus mit Aquarium folgten ab Ende der 1950er-Jahre, und die 1975 eröffnete Bundesgartenschau machte den Luisenpark deutschlandweit bekannt. Aus dieser Zeit stammen der rund 200 Meter hohe Fernmeldeturm, die Vergrößerung des Kutzerweihers, die Multihalle und die Seebühne, der Streichelzoo und zahlreiche Spielplätze. Zwischen April und Oktober 1975 besuchten mehr als acht Millionen Menschen die farbenfrohe Bundesgartenschau, deren größtes Highlight die 2,8 Kilometer lange Schwebebahn zwischen dem Luisenpark und dem nördlich des Neckars gelegenen Herzogenriedpark war.

Doch nicht nur die auswärtigen Besucher waren beeindruckt von dem vielfältigen Angebot, sondern auch Zehntausende Einheimische, die den Park regelmäßig aufsuchen. In den folgenden Jahren entstanden weitere Einrichtungen wie der Skulpturenweg, der Citrus- und Heilpflanzengarten, das Schmetterlingshaus, die Klangoase, die Zickzackbrücke, der Schauweinberg und die Rosenpromenade, verschiedene Pavillons und der Chinesische Garten mit dem größten Teehaus Europas.

Die mittlerweile mehr als 50 Hektar große Grünanlage mitten in der Stadt ist nicht nur ein bedeutendes Gartendenkmal, sie zählt auch zu den schönsten europäischen Parkanlagen.

▲ Haupteingang des Luisenparks, Theodor-Heuss-Anlage. ◀ Namensgeberin des Parks: Großherzogin Luise von Baden. ▶ Wahrzeichen des Luisenparks: der Fernsehturm von 1975.

1900

Bismarckdenkmal: zweimal eingeweiht

Das Bismarckdenkmal steht auf dem Bismarckplatz, der Ende der 1880er-Jahre mit der Erweiterung der Schwetzingerstadt angelegt wurde. Damals war er eine Grünanlage mit Springbrunnen. Doch ursprünglich stand das heute in seiner Form reduzierte Denkmal an der Kreuzung Bismarckstraße/Kaiserring, etwa 100 Meter westlich vom jetzigen Standort. Die nach Reichskanzler Otto von Bismarck (1815–1898) benannte Bismarckstraße führt am Schloss entlang.

Anlässlich seines 80. Geburtstages hatte die Stadt Bismarck zu ihrem Ehrenbürger ernannt. Abgeordnete der Nationalliberalen Partei besuchten unter Führung des Mannheimer Juristen, Unternehmers und bedeutenden Mäzens Carl Eckhard (1822–1910), der von 1871 bis 1874 Abgeordneter der Partei im Reichstag gewesen war, Bismarck am 24. Juli 1892 während dessen Kur in Bad Kissingen. In den kommenden Jahren initiierten sie eine Spendensammlung zur Errichtung eines Bismarckdenkmals, die von den Unternehmern Friedrich Engelhorn, Carl Ladenburg, Heinrich Lanz und Ferdinand Scipio mit je 5000 Mark unterstützt wurde. Am Vortag des 85. Geburtstages von Bismarck, am 31. März 1900, elf Uhr, wurde das Standbild festlich eingeweiht.

Bei der Grundsteinlegung 14 Tage zuvor hatte man in den Sockel eine in Pergament gehüllte Bleikassette eingelassen, die die Stiftungsurkunde, Goldstücke (mit dem Bildnis Großherzog Friedrichs), Tageszeitungen sowie das Mannheimer Adressbuch des Jahres 1900 und einen Taschenatlas des Deutschen Reiches enthielt. Vor der Enthüllung des Standbildes nahmen mehrere Hundert Mannheimer am Umzug vom Carl-Philipp-Platz über den Schlosshof bis zum Denkmalsplatz teil. Unter den Teilnehmern befanden sich neben den Honoratioren der Stadt Vertreter zahlreicher Vereine, Schülerinnen und Schüler, Studenten aus Heidelberg und »Ehrenjungfrauen«. Festlich hergerichtet war der Denkmalplatz, insbesondere der Fürstenpavillon. Doch da Großherzog Friedrich sich wegen »Unwohlseins« kurzfristig hatte entschuldigen lassen, blieb der für ihn reservierte Platz leer. Immerhin erinnerte eine aufgestellte Büste des Großherzogs an den Landesherrn.

Ursprünglich stand Bismarck auf einem Sockel aus Odenwälder Granit. Ihm war ein sitzender Jüngling beigegeben, der mit seinem Schild in der linken Hand die lorbeergeschmückte Kaiserkrone schützte. In der rechten Hand hielt er ein Schwert. Diese

▲ Das im Jahr 1900 eingeweihte Bismarckdenkmal. ▼ Das 1980 in vereinfachter Form aufgestellte Denkmal zu Ehren Bismarcks.

BISMARCK

Bronzefigur sollte Verteidigungsbereitschaft und Wehrwillen symbolisieren. Der Kanzler wird als Staatsmann in Uniform eines Landwehrmajors mit offenem Mantel dargestellt. Er trägt eine Pickelhaube und den Orden »Pour le Mérite«. In der linken Hand hält er den Griff des abgestellten Pallaschs, in der rechten eine Urkundenrolle. Die rund drei Meter hohe Figur, die sich an einen Baumstumpf lehnt, stammte von Emil Hundrieser (1846–1911), Professor an der Preußischen Akademie der Künste Berlin. Gegossen wurden die Bronzefiguren in der noch heute existierenden Kunst- und Glockengießerei Lauchhammer in Brandenburg. Die ganze Denkmalsanlage hatte 60 000 Mark gekostet und war ein beliebter Treffpunkt der Mannheimer.

Aufgrund der zentralen Lage wurde das Denkmal während des Krieges beschädigt. Das Standbild stürzte im Sommer 1944 vom Sockel, blieb jedoch im Gegensatz zum Unterbau weitgehend unversehrt. Bereits im Mai 1949 kam aus der Bevölkerung die Anregung, das Denkmal wieder aufzustellen, doch wegen der geplanten Verlegung der Straßenbahngleise im Kaiserring blieb es beim bisherigen Zustand. Anfang 1962 wandte sich der Verband Deutscher Soldaten, Kreisverband Mannheim, an den parteilosen Oberbürgermeister Dr. Hans Reschke (1904–1995) mit dem Antrag der Wiedererrichtung des Bismarckdenkmals. Immerhin wurden die Kosten für eine neue Fundamentierung und einen neuen Sockel berechnet und mit 20 000 DM veranschlagt. Doch nach wie vor war ein möglicher Standort wegen bevorstehender Straßenbauarbeiten unklar. Schließlich verfügte der Oberbürgermeister im Juni 1963, »dass die Angelegenheit vorerst nicht weiter verfolgt werden soll«. Ende der 1970er-Jahre stand die Wiederaufstellung erneut auf der Tagesordnung. Vorgesehene Standorte waren die Grünfläche vor L 15 und der Schlossplatz. Oberbürgermeister Dr. Ludwig Ratzel (1915–1996) befürwortete die Initiative, er meinte, »in der Rückschau« seien die Sozialistengesetze »unerheblich« und Bismarck sei »genau so Bestandteil der deutschen Geschichte wie August Bebel«.

Schließlich wurde am 25. September 1980 das Bismarck-Denkmal in neuer Form und auf dem heutigen Standort zwischen Hauptbahnhof und Kunsthalle eingeweiht. Bei den Diskussionen um die Wiedererrichtung des Denkmals war die Umbenennung der Straße, an der Bismarck nun stand, ein Zugeständnis an die Mannheimer Sozialdemokraten: 1979 wurde aus der Großen Merzelstraße die Reichskanzler-Müller-Straße, benannt nach dem 1876 in Mannheim geborenen SPD-Politiker Hermann Müller, der von 1928 bis 1930 Reichskanzler war. Bei der Denkmalsaufstellung erinnerte Oberbürgermeister Ratzel an Bismarcks »maßvolle Außenpolitik« und meinte in Anlehnung an die Freundschaft mit den Völkern Westeuropas: »Ebenso wünschen wir aus ganzem Herzen, dass wir mit den Völkern Osteuropas wieder in Frieden leben können und dass auch hier einmal Freundschaft zwischen den Völkern und das heißt zwischen den einzelnen Menschen möglich sein wird.«

▲ Die Reichskanzler-Müller-Straße in der Schwetzingerstadt. ▼ Großherzog Friedrich blieb der Einweihung des Bismarckdenkmals fern.

1903

Eröffnung des Rosengartens

Bei »Rosengarten« denken viele zunächst an einen blühenden, duftenden Garten voller Rosen, an ein Rosarium. In Mannheim dagegen trägt ein Gebäude, eine Kultureinrichtung ersten Ranges, diesen klangvollen Namen. Seit Jahrzehnten gehört das repräsentative Haus zu den führenden Veranstaltungs- und Kongresszentren Europas.

Hervorgegangen aus einem Wettbewerb und errichtet zu Beginn des 20. Jahrhunderts nach Plänen des Architekten Bruno Schmitz (1858–1916), ist der Prachtbau in der Nähe des Wasserturms und der Augustaanlage ein besonderes Schmuckkästchen der Stadt. Bei seiner Einweihung am Karsamstag 1903 in Anwesenheit der großherzoglichen Familie und zahlreicher Honoratioren erhielt die Konzerthalle die offizielle Bezeichnung »Rosengarten«. Die aufwendig gestaltete Innenausstattung (Wandelhalle, Marmortreppen, Kronleuchter, Medaillons, Deckengewölbe, Wein- und Bierkeller et cetera) war auf dem neusten Stand der Technik (elektrische Speiseaufzüge) und in jeder Hinsicht monumental. Damals war der Nibelungensaal (mit Orgel) mit seinen 3600 Sitz- und 1400 Stehplätzen der größte Festsaal Deutschlands. Nicht minder beeindruckend waren der Musensaal (1400 Sitze) und der Versammlungssaal (heutiger Stamitzsaal mit 250 Plätzen). Auch die Fassade und die Portale waren mit zahlreichen Reliefs, Sinnsprüchen, figürlichen und floralen Darstellungen im Jugendstil gestaltet.

Schnell entwickelte sich der Ort zu einem geistigen, geselligen und musikalischen Mittelpunkt der Stadt. Zahlreiche politische Versammlungen, Konzerte, Theateraufführungen, Bälle, Kongresse, Ausstellungen zogen international bekannte Politiker, Wissenschaftler und Künstler, ebenso ein weitgereistes Publikum an.

Im Zweiten Weltkrieg wurde der rote Sandsteinbau mit seinem charakteristischen Dach aus grün glasierten Tonziegeln erheblich beschädigt. Nicht wieder rekonstruiert wurde der Nibelungensaal, dafür entstand hinter dem weitgehend originalgetreu restaurierten Altbau 1974 ein moderner Stahlbetonskelettbau, der den Mozartsaal mit 2300 Sitzplätzen beherbergt, den größten Raum im Rosengarten. 2006/07 nochmals ausgebaut (zusätzliche Seminar- und Konferenzräume, Hörsaal), bietet das »m:con Congress Center Rosengarten« – so die offizielle Bezeichnung – mit insgesamt 44 Räumen auf 22 000 Quadratmetern bis zu 9000 Kongressteilnehmern Platz. Zu jeder Tages- und Nachtzeit vermittelt die detailreiche Fassade eine Harmonie, und sie bietet mit der Augustaanlage und dem Wasserturm einen Einblick in die Blütezeit Mannheims um 1900.

▲ Der 1903 eröffnete Rosengarten ist eine architektonische Meisterleistung. ▼ Zu seiner Zeit war der Nibelungensaal der größte Festsaal Deutschlands.

NIBELUNGENSAAL.

WIRTSCHAFTSHOCHSCHULE
40

A3

1907

Von der Handelshochschule zur Uni

Mit der Stadtgründung entstanden auch Schulen, zunächst Volksschulen, bald auch weiterführende Lehranstalten. Das heutige Karl-Friedrich-Gymnasium wurde 1664 durch Kurfürst Karl Ludwig unter der Bezeichnung »reformiertes Pädagogikum« als Lateinschule gegründet. 1711 eröffnete die lutherische Gemeinde ein eigenes Gymnasium, das katholische Jesuiten-Gymnasium folgte 1720.

Diese konfessionsgebundenen Schulen ließ Großherzog Karl Friedrich (1727–1811) 1807 zum »Vereinigten Großherzoglichen Lyceum« (A 4) zusammenlegen. 1907, nach dem Umzug in einen Neubau in der Roonstraße, erhielt es seinen heutigen Namen. Bereits 1863 und damit früher als in vielen anderen Städten errichteten fortschrittliche Bürger eine »höhere Töchterschule«, die 1905 in einen Neubau in D 7, 8 zog und wenig später nach Goethes Mutter Catharina Elisabeth (1731–1808) benannt wurde. 1974 entfiel am Elisabeth-Gymnasium die Geschlechtertrennung. Ebenfalls ermöglichte Baden früher als jedes andere deutsche Land an der Universität Heidelberg ab 1900 Frauen den vollen Zugang zum Studium.

Die um 1900 erbauten Schulgebäude waren moderne Zweckbauten (mit Fachsälen, Brausebad, Turnhalle, Schulküche), die innen und außen prachtvoll gestaltet waren. Manche Fassade erinnert geradezu an ein Schloss. Von Schulen in den Stadtteilen abgesehen, hat sich in der Innenstadt die historische Bausubstanz der Tulla-Realschule, der Friedrich-List-Schule und der Eberhard-Gothein-Schule weitgehend erhalten. Insgesamt gibt es rund 100 Schulen unterschiedlichster Art.

Die überregional bekannteste Bildungseinrichtung ist die Universität. Angesichts der Stadtgeschichte wundert es nicht, dass sie – im Gegensatz zur benachbarten Uni Heidelberg (1386) – nicht auf eine jahrhundertelange Tradition zurückblicken kann. Sie ging 1967 aus der Staatlichen Wirtschaftshochschule hervor, deren Vorläuferin die 1907 gegründete Handelshochschule war. 1933 durch die Nationalsozialisten geschlossen, 1946 wiedergegründet, bezog die Hochschule ab 1955 Räume im wiederaufgebauten Schloss. Nach wie vor liegt der Schwerpunkt des Angebots auf den Wirtschaftswissenschaften, gefolgt von den Sozialwissenschaften. Trotz ihres insgesamt guten Rufs gehört sie zu den kleineren Unis; rund 12 000 Studenten und Studentinnen hören Vorlesungen im Schloss und in benachbarten Neubauten (A 3, A 5, B 6, C 7). Die Unibibliothek verfügt über mehr als 2,2 Millionen Medien und steht auch der Bevölkerung zur Verfügung. Zu den hiesigen Forschungseinrichtungen gehört ferner das 1964 gegründete Leibniz-Institut für Deutsche Sprache (R 7).

▲ Haupteingang der Uni an der Bismarckstraße. ▼ Vorlesungssaal und Bibliothek, A 3.

1907

Kunsthalle zum Stadtjubiläum

Nicht nur die Veranstaltungen des Nationaltheaters und des Rosengartens gehören zu den kulturellen Highlights in der Rhein-Neckar-Metropolregion, seit mehr als 100 Jahren zieht auch die Kunsthalle zwischen Moltkestraße und Friedrichsplatz Jahr für Jahr Zehntausende Besucher aus nah und fern an.

Als das Museum 1907 anlässlich des 300-jährigen Stadtjubiläums eröffnet wurde, zeigte es Kunst, die zum Teil erst wenige Jahre zuvor entstanden war. Das heißt, auch damals schon war das Haus spezialisiert auf zeitgenössische und moderne Werke. Den finanziellen Grundstock für die Errichtung der Kunsthalle hatten einige Jahre zuvor der Kaufmann Julius Aberle (1841–1895) und seine Frau Henriette (1847–1901) mit ihrer Stiftung ermöglicht; nach diesen Mäzenen ist seit 1996 der Aberlering in Neckarstadt-Ost/Wohlgelegen benannt. Der wuchtige und dennoch formschöne Jugendstilbau aus rotem Sandstein, ein Entwurf des Karlsruher Architekten Hermann Billing (1867–1946), fügte sich harmonisch in die Bebauung am Friedrichsplatz ein, war aber kein direktes Pendant zum 1903 eröffneten Rosengarten. Zwischen beiden Gebäuden sollte ursprünglich das spätere Reiss-Museum entstehen.

Die erste Sammlung bestand vor allem aus den Werken des Landschaftsmalers Karl Kuntz (1770–1830), Mitbegründer des Badischen Kunstvereins und Direktor der großherzoglichen Galerie Karlsruhe. Doch bereits Fritz Wichert (1878–1951), erster Direktor der Kunsthalle, erweiterte die Sammlung und präsentierte die französischen Expressionisten und die Wegbereiter der modernen Malerei, daher verfügte das Haus schon früh über Werke von Édouard Manet, Paul Cézanne, Edgar Degas und Henri Matisse. Bis heute gilt Manets 1869 vollendetes Monumentalgemälde »Die Erschießung Kaiser Maximilians von Mexiko« als bedeutendstes Werk der Kunsthalle. Neue Impulse vermittelte das Museum, das sich von Anfang an auch als Bildungseinrichtung »für alle« verstand, über Vorträge (»Akademie für Jedermann«). Heute besteht die facettenreiche Sammlung aus mehr als 2000 Gemälden, rund 850 Skulpturen und etwa 33 000 Blatt Handzeichnungen, Druckgrafiken (unter anderem von Albrecht Dürer und Rembrandt) und Aquarellen.

Aufsehen erregte 1925 die Ausstellung »Neue Sachlichkeit«, die Gustav Friedrich Hartlaub (1884–1963), seit 1923 Direktor der Kunsthalle, organisierte. Zu sehen waren Bilder von Max Beckmann, Otto Dix und George Grosz – Werke, die wenige Jahre später als »entartet« galten. Nach dem Zweiten Weltkrieg gelang den Direktoren Walter

▲ Die Kunsthalle, zum Stadtjubiläum 1907 eröffnet. ▼ Die Kunsthalle Mannheim zählt zu den bedeutendsten Museen Deutschlands.

Mannheim
Kunsthalle

rem-MUSEUM WELTKULTUREN
ÄGYPTEN
LAND DER UNSTERBLICHKEIT
22.05.2022 BIS 30.07.2023
UNSICHTBARE WELTEN
FROM WHERE I STAND
Narratives of Resistance
19/03–22/05 2022
Biennale für aktuelle Fotografie
rem ZEPHYR
MUSEUM
INSTITUT FRANÇAIS

Passarge (1898–1958) und Heinz Fuchs (1917–2001), die durch die Säuberungsaktion der Nationalsozialisten entstandenen Lücken zu schließen. Seit Jahrzehnten ist das Museum bekannt für seine außergewöhnlichen Einzelausstellungen, zu denen Videoinstallationen und museumspädagogische Angebote gehören. Das Spektrum ist vielseitig, mal stehen Leben und Werk einzelner Künstler im Vordergrund (»William Turner in Deutschland«, 1995/96), mal Themen (»Mutter!«, 2021/22).

Der 1983 eingeweihte Erweiterungsbau am Friedrichsplatz wurde 2018 abgerissen und durch den »Hector-Bau« ersetzt. Der repräsentative Neubau, ebenfalls aus rotem Sandstein, war dank einer 50-Millionen-Spende des Unternehmers und Mäzens Hans-Werner Hector (geboren 1940) und seiner Frau Josephine (geboren 1939) möglich; mit dem Altbau bildet er eine Einheit und, so die Idee der Architekten, eine »Stadt in der Stadt«. Mit Ausstellungsflächen und Depoträumen gehört auch der Tiefbunker aus dem Zweiten Weltkrieg zum Museumsbetrieb. Europaweit zählt die Kunsthalle Mannheim zu den führenden Häusern für deutsche und internationale Kunst des 20. Jahrhunderts und der Gegenwart. Ein Gang durch die Gebäude gleicht einer entdeckungsreichen Zeitreise durch die Kunstgeschichte, ebenso durch die Architekturgeschichte.

Spannende Einblicke in die Vergangenheit gewähren zudem die Reiss-Engelhorn-Museen (REM) in C 5. Schon in der Namensgebung spiegelt sich Mannheimer Geschichte wider: Carl Reiß (1843–1914) war Unternehmer und Ehrenbürger der Stadt (1901) und verheiratet mit Bertha Engelhorn (1851–1878), Tochter des BASF-Gründers Friedrich Engelhorn. Sein gesamtes Vermögen, so auch die nach ihm und seiner Schwester Anna (1836–1915), Kammersängerin und Mäzenin (und Ehrenbürgerin von 1913), benannte Reißinsel (Naturschutzgebiet) vermachte er der Stadt Mannheim. Von ihm beabsichtigt war die Errichtung eines Museums, das jedoch erst 1957 mit dem Wiederaufbau des Zeughauses ermöglicht wurde. Der Unternehmer Curt Engelhorn (1926–2016) wiederum, ein Urenkel von Friedrich Engelhorn, unterstützte das Museum finanziell so großzügig, dass es 2001 in Reiss-Engelhorn-Museen umbenannt wurde.

Als Forschungsmuseum zählt es zu den führenden Einrichtungen in Europa, sein Motto lautet: »Sammeln, bewahren, präsentieren und forschen«. So vereint das Haus auf rund 2000 Quadratmetern Relikte der Frühgeschichte mit modernster Analysetechnik. Zum viel besuchten Museum gehören folgende Abteilungen: das Museum Zeughaus (C 5), das sich der Frühgeschichte widmet und eine herausragende Sammlung Frankenthaler Porzellans präsentiert, das Museum Weltkulturen (D 5), in dem immer wieder Sonderausstellungen stattfinden, das Museum Bassermannhaus (C 4, 8), das musikgeschichtliche Objekte zeigt, sowie das Museum Schillerhaus (B 5, 7), das sich mit Schillers Wirken in Mannheim beschäftigt.

Beliebt wegen seiner aktuellen Sonderausstellungen: das Reiss-Engelhorn-Museum (rem) – Museum Weltkulturen.

1909

Herstellung modernster Luftschiffe

Auch in Mannheim wurde Luftfahrtgeschichte geschrieben, dank der Unternehmer Karl Lanz (1873–1921) und Johann Schütte (1873–1940). Der Mannheimer Lanz war ein erfolgreicher und innovativer Unternehmer, der sich voller Begeisterung neben anderem ebenso dem Motorbootbau und der Luftfahrt widmete.

Schütte, geboren im oldenburgischen Osternburg, war ein leidenschaftlicher Tüftler, Erfinder und Schiffbaukonstrukteur, von 1904 bis 1922 lehrte er an der Technischen Hochschule Danzig. Sein Interesse galt zugleich der Luftschifffahrt. Mit großer Aufmerksamkeit hatte er Ferdinand Graf Zeppelins (1838–1917) erste Langstreckenfahrt von Friedrichshafen nach Mainz am 4. August 1908 verfolgt, Mannheim bekam bei dem deutschlandweit beachteten Versuch erstmals ein Luftschiff zu sehen. Bei der Rückfahrt jedoch verunglückte das 136 Meter lange Fluggerät bei Echterdingen. Dieser Rückschlag Zeppelins veranlasste Schütte zur Konstruktion eines eigenen Luftschiffs. Als Geldgeber für sein ehrgeiziges Vorhaben konnte er Karl Lanz, seit 1905 Inhaber der Mannheimer Landmaschinenwerke Heinrich Lanz AG, gewinnen. Im April 1909 gründeten beide in Rheinau, ab 1913 zu Mannheim gehörend, die Schütte & Lanz GmbH, die Produktionsstätte wurde im benachbarten Brühl errichtet.

Die erste Probefahrt mit der »SL I« fand am 17. Oktober 1911 statt. Der technische Vorsprung gegenüber den Zeppelin-Luftschiffen lag in der Stromlinienform, dem Leichtbau und den günstigeren Steuerungseigenschaften. 1914 übernahm das preußische Militär das Nachfolgemodell »SL II«, das alle Ansprüche übertraf und als modernstes Luftschiff der Welt galt. Inzwischen stärkster Konkurrent der Luftschiffbau Zeppelin GmbH, lieferte das Mannheimer Unternehmen als zweitgrößter Hersteller von militärischen Luftschiffen 22 Exemplare, die während des Ersten Weltkriegs beim Heer und der Marine eingesetzt wurden. Sie waren 176 Meter lang und hatten einen Durchmesser von 20 Metern. Ihre Geschwindigkeit lag bei 92 Kilometern in der Stunde, ihre Tragkraft bei 21 Tonnen. Im Unterschied zu den Zeppelinen, die aus einem Duraluminium-Skelett bestanden, waren die SL-Gerippe aus Sperrholz.

Geplant waren ebenso zivile Luftschiffe für 100 Passagiere. Während Schütte, der in Brandenburg auch Militärflugzeuge produzieren ließ, als technischer Kopf des Unternehmens galt, begleitete Lanz es als Geldgeber. Der Versailler Vertrag von 1920 schrieb die Auslieferung der Luftschiffe vor, dies bedeutete auch für die Schütte & Lanz GmbH das Aus. Immerhin erinnert in Schönau die Johann-Schütte-Straße an einen Pionier, der in Mannheim Luftfahrtgeschichte mitgeschrieben hat.

Schütte-Lanz-Luftschiffe am Boden und während der Fahrt südlich von Mannheim.

Luftschiff Schütte-Lanz, Mannheim.

HEINRICH
LANZ

LANZ
D 251

Julia Lanz, die erste Ehrenbürgerin

Lanz-Denkmal, Lanzgarten, Lanz-Gruft, Lanzkapelle, Lanz-Straße, Lanz-Turm, Lanz-Villa – der Name Lanz ist in Mannheim allgegenwärtig und noch heute ein Begriff, obwohl das gleichnamige Unternehmen längst der Vergangenheit angehört. Für die Stadt- und Landesgeschichte bedeutend waren der Unternehmer Heinrich Lanz, seine Frau Julia und der gemeinsame Sohn Karl.

Heinrich Lanz, im März 1838 in Friedrichshafen geboren, schuf mit einer kleinen Reparaturwerkstatt für landwirtschaftliche Maschinen (1860) den Grundstock für eines der größten Unternehmen im Land. Mit seiner Produktion von Lokomobilen, Dampfdreschmaschinen, Futterzubereitungsmaschinen und weiteren landwirtschaftlichen Geräten, zunächst in der Schwetzingerstadt, dann in Lindenhof (heutiges John-Deere-Gelände), war er um 1900 Arbeitgeber von annähernd 3000 Beschäftigten und europaweit größter Hersteller auf diesem Gebiet. Sein Ruhm, Ansehen, Vermögen und sein Mäzenatentum brachten ihm den Titel »König von Mannheim« ein.

1863 hatte Heinrich Lanz die 1843 in Mannheim geborene Julia Faul geheiratet. Sie war nicht nur eine verständnisvolle Ehefrau und liebevolle Mutter von drei Töchtern und einem Sohn, sondern eine eigenständige Persönlichkeit, die sich karitativ engagierte. Bereits vor ihrer Ehe war sie dem 1859 auf Initiative der badischen Großherzogin Luise gegründeten Badischen Frauenverein beigetreten, dessen Vorstand sie seit 1883 angehörte. 1899 rief sie mit ihrem Mann die Heinrich-und-Julia-Lanz-Stiftung zur Gesundheitsförderung ins Leben. Vor allem die Bildung junger Frauen und das Wohlergehen junger Mütter lagen ihr am Herzen. »Wir wollen Wohl tun«, sollen die letzten Worte von Heinrich Lanz gewesen sein, der bei seinem Tod im Februar 1905 vier Millionen Mark für wohltätige Zwecke hinterließ.

Mit diesem Erbe unterstützte Julia die städtische Armen- und Krankenfürsorge, die Gründung der Heidelberger Akademie der Wissenschaften sowie den Bau der Lanzkapelle und des Heinrich-Lanz-Krankenhauses (1907) an der Ecke Meerfeldstraße/Landteilstraße im Lindenhof. Sie selbst kümmerte sich um die Verwaltung der Klinik und mit persönlichen Besuchen auch um die Pflege der Kranken. Krankenhaus und Kapelle wurden Ende der 1990er-Jahre abgerissen. Die Bürger-Interessen-Gemeinschaft (BIG) Lindenhof rettete jedoch die historische Bausubstanz der Kapelle. Nach einer Zwischenlagerung der Steine auf dem Gelände des John-Deere-Werks wurde das wieder errichtete Gebäude 2002 eingeweiht, seitdem dient es als

▲ Das Heinrich-Lanz-Denkmal (1910) auf dem John-Deere-Werksgelände.
▼ Querschnitt durch einen Lanz-Bulldog (1921).

Begegnungszentrum. Ein 2005 aufgestellter Gedenkstein vor der Kapelle würdigt das beispiellose Mäzenatentum der Eheleute Julia und Heinrich Lanz.

Ebenso generös bedachte Julia das Nationaltheater und die neu gegründete städtische Handelshochschule (die heutige Universität), der sie 1910 anlässlich des 50-jährigen Firmenjubiläums eine Million Mark stiftete. Aus demselben Anlass ließ sie ein Denkmal zur Erinnerung an ihren Mann schaffen. Die 3,60 Meter hohe Bronzefigur, ein Werk des Berliner Bildhauers August Kraus (1868–1934), steht auf einem Sockel aus Muschelkalk. Das Monument wurde im März 1910 auf dem Firmengelände enthüllt (wo es noch heute steht). In Anerkennung ihrer Verdienste ernannte Oberbürgermeister Paul Martin (1859–1913) Julia Lanz im selben Jahr zur ersten Ehrenbürgerin Mannheims. Im Dezember 1926 verstorben, wurde sie in der Familiengruft auf dem Hauptfriedhof beigesetzt. Ihrem Wunsch gemäß wurde das großzügige Anwesen in A 2, 6, in dem die Familie seit 1875 gewohnt hatte, unter Einbezug des 1905 erworbenen Nachbargrundstücks in A 2, 7 zur Klinik für Geburtshilfe und Frauenkrankheiten »St. Hedwigs-Klinik-Verein im Lanz-Haus e. V.« (spätere St.-Hedwig-Klinik) umgebaut. Der herrschaftliche Salon, in dem sich die Stifterin gern aufhielt, wandelte sich zur Kapelle der Klinik.

Der Sohn Karl Lanz, 1873 geboren, führte das Unternehmen weiter. Von der Ruprecht-Karls-Universität Heidelberg wurde ihm die Ehrendoktorwürde und von der Stadt Friedrichshafen die Ehrenbürgerwürde verliehen. Zu seinen erfolgreichsten Produkten gehört der Ackerschlepper »Lanz Bulldog«, den die Aktiengesellschaft von 1921 bis 1957 herstellte. Die kuriose Bezeichnung des von Fritz Huber (1881–1942) konstruierten (und insgesamt mehr als 200 000-mal verkauften) Schleppers erhielt die robuste und leicht zu bedienende Maschine wegen der äußeren Ähnlichkeit mit einer Bulldogge. 1938 expandierte das Unternehmen, es konnte seine Erfolge in den 1950er-Jahren fortsetzen.

Nachdem bereits 1956 das US-amerikanische Unternehmen John Deere & Company die Aktienmehrheit übernommen hatte, änderte sich die Firmenbezeichnung in John Deere-Lanz AG, doch 1967 verschwand der Traditionsname Lanz. Immerhin würdigt die Heinrich-Lanz-Straße in der Schwetzingerstadt eine außergewöhnliche Persönlichkeit und eine erfolgreiche Unternehmensgeschichte. An die ebenso eindrucksvolle Familiengeschichte erinnert die 1913 vollendete Villa Lanz in der Oststadt. Nach dem Tod Karls 1921 verkaufte dessen Witwe Gisella Lanz (1885–1980) das viergeschossige Gebäude an die Deutsche Reichspost; daran erinnert noch immer die Aufschrift »Telegraphenamt«. Bis heute gilt das repräsentative Palais als größtes privates Wohnhaus der Stadt.

◀ Die Lanzkapelle an der Meerfeldstraße. ▶ Werbeplakat für verschiedene Produkte der Firma Lanz (um 1900). ▼ Das Palais Lanz (1913) in der Oststadt, späteres Telegrafenamt.

HEINRICH LANZ
MANNHEIM
SPECIALITÄT: DRESCHMASCHINEN für Motor-Betrieb.
Vertreter: Jerôme Kleinmann, landw. Maschinen, Obermichelbach b. St. Ludwig.

Palais Lanz
Erzbergerstr. 18

Kieferorthopädisch
10

Langer Schlag

1910

Licht, Luft, Natur: die Gartenstadt

Das Stadtbild von Mannheim hat viele Gesichter. Neben den wenigen Barockbauten, den prachtvollen Fassaden der Gründerzeit im Jungbusch und des Jugendstils in der Oststadt und den postmodernen Bauten unserer Tage lässt sich eine weitere bemerkenswerte Bauweise entdecken: die Gartenstadt, eine beschauliche Siedlung in der Nähe zum Käfertaler Wald.

Die ursprünglich sozialreformerische Idee, am Rande der Großstädte neue, von viel Grün umgebene Siedlungen zu errichten, stammt von dem Briten Ebenezer Howard (1850–1928) und ist eine Antwort auf das Wachstum der Zentren während der Hochindustrialisierung. Das Modell einer »Stadt in der Landschaft« griffen Stadtplaner, Architekten und Sozialreformer in Deutschland auf. Auf Initiative von Landeswohnungskommissar Hans Kampffmeyer (1876–1932), Stadtrechtsrat Otto Moericke (1880–1965), Arbeitersekretär Richard Böttger (1873–1957), späterer Ehrenbürger Mannheims, und Rechtsanwalt Ludwig Frank (1874–1914) gründeten Männer und Frauen aus allen Bevölkerungsschichten am 26. August 1910 die Mannheimer »Gartenstadt-Genossenschaft«, die ihren Mitgliedern preiswerte Wohnungen mit einem eigenen Garten für die Selbstversorgung zur Verfügung stellen wollte. Baubeginn auf einem von der Stadt zur Verfügung gestellten Erbbaugelände war 1912. Geplant wurde die Siedlung, die auch Geschäfte des täglichen Bedarfs einschloss, von Hermann Esch (1879–1959) und Arno Anke (1879–1968); nach den beiden Mannheimer Architekten sind im Stadtteil Käfertal Straßen benannt.

Bereits 1914 lebten hier 174 Familien nach dem Motto »Licht, Luft, Natur«. Bis Mitte der 1920er-Jahre entstanden 420 Einfamilienhäuser, die überwiegend drei Zimmer hatten, als Treffpunkt diente ein Gemeinschaftshaus. Zentrum der historischen Gartenstadt, die inzwischen unter Denkmalschutz steht, war und ist der Freyaplatz. Im Laufe der Jahrzehnte wurde die Siedlungsfläche dank der 1926 gegründeten stadteigenen Gemeinnützigen Baugesellschaft Mannheim mbH erweitert. Die typischen Siedlerhäuser hatten eine Wohnfläche von 60 Quadratmetern, nach Fertigstellung wurden sie unter den Bauhelfern verlost. Hinzu kamen Einrichtungen wie der Waldkindergarten (1930), die katholische St.-Elisabeth-Kirche (1937), das Carl-Benz-Bad (1962), die evangelische Gnadenkirche (1949) und mehrere Schulen sowie der Waldfriedhof. Das gesellige Leben bereichern der Gesangverein Gartenstadt und der VfB 1950 Gartenstadt.

▲ Zentrum der Gartenstadt-Siedlung ist und war das Gemeinschaftshaus am Freyaplatz.
▼ Ein typisches Siedlerhaus aus den 1920er-Jahren in der Straße Langer Schlag.

Die »Wohlfühlatmosphäre« der Häuser lag auch an den äußeren Gestaltungselementen wie Sprossenfenstern, Balkonen, Gauben. Aufgrund ihrer charakteristischen Holzschindeln wurden die gediegenen Behausungen auch »Schwarzwaldhäuser« genannt. Doch die ursprüngliche Siedlung ist kaum wiederzuerkennen. Im Zweiten Weltkrieg zerstört, wurden die Häuser in einfacher Form wiederaufgebaut, dann aufgestockt, ausgebaut, die einst großen Parzellen geteilt. Doch nach wie vor ist die heute rund 12 000 Einwohner zählende Gartenstadt wegen ihrer ruhigen Lage am Käfertaler Wald ein beliebter Stadtteil. Seit 2016 ist sie an den Straßenbahnverkehr der Stadt angeschlossen. Nur wenige Jahre nach dem Baubeginn hier errichtete die Gartenstadt-Genossenschaft zu Beginn der 1920er-Jahre mit dem Almenhof zwischen Lindenhof im Nordwesten und Neckarau im Süden eine zwar kleinere, dennoch vergleichbare Siedlung, in der es sich auch angenehm leben lässt.

Älter als diese beschaulichen Wohngebiete ist die Spiegelkolonie im 1897 eingemeindeten Stadtteil Waldhof. Die Bezeichnung dieser ältesten Arbeiterwohnsiedlung Mannheims leitet sich ab von der hier 1853 angesiedelten Spiegelglasmanufaktur des Pariser Unternehmens Saint Gobain. Die Firma wurde 1665 unter dem französischen König Ludwig XIV. gegründet. Sie expandierte europaweit und entschied sich für das badische Waldhof als Ort ihrer ersten Niederlassung in Deutschland. Kurz vor der Aufnahme der Glasproduktion entstanden auch Wohnungen für die aus Lothringen stammenden 400 Arbeiter und ihre Familien. Im Gegensatz zur Direktorenvilla oder den Häusern der leitenden Angestellten waren die in Reihenbauweise gebauten 19 Wohnblöcke mit Laubengängen bescheiden ausgestattet, dennoch für ihre Zeit attraktiv. Zur zunächst rein französischen Kolonie gehörten eine evangelische und eine katholische Kirche, ein Kindergarten, eine Schule, eine Turnhalle, ein Back- und Wirtshaus sowie Einkaufsmöglichkeiten für den täglichen Bedarf und sogar eine ärztliche Versorgung. Das Werk stellte hochwertige Spiegel her, die auch vom bayerischen König Ludwig II. für seine Schlösser Linderhof und Herrenchiemsee bestellt wurden.

Die Werkssiedlung verfiel allmählich, in den 1960er-Jahren wurden die Wohnungen abgerissen. Vor dem Verfall gerettet wurden lediglich das Kantinengebäude, ein Angestelltenhaus und ein 1865 errichteter Wohnblock; dieses Ensemble steht unter Denkmalschutz. Zu den Bewohnern der Siedlung gehörte Sepp Herberger (1897–1977), Reichs- und Bundestrainer der deutschen Fußballnationalmannschaft. In jungen Jahren war er für den 1907 gegründeten SV Waldhof aktiv, der von 1983 bis 1990 in der Bundesliga spielte. Ein weiterer Fußballer, der hier groß geworden und nach dem im Stadtteil eine Straße benannt ist, ist Otto Siffling (1912–1939). Auch er spielte für den SV Waldhof und die deutsche Nationalmannschaft und war zu seiner Zeit sehr erfolgreich.

▲ Ehemalige Werkswohnungen der Spiegelkolonie im Stadtteil Waldhof. ◀ Bekanntester Bewohner der Siedlung: Sepp Herberger. ▶ In Sichtweite: der Wasserturm Luzenberg (1909).

SEPPL HERBERGER
1897 – 1977
TRAINER DER DEUTSCHEN FUSSBALL-NATIONALMANNSCHAFT
LEBTE ALS KIND VON 1910 BIS 1911 IN DIESEM HAUS.
DAS GEBÄUDE IST DER LETZTE VERBLIEBENE ARBEITER-
WOHNBLOCK DER EHEMALIGEN SPIEGELKOLONIE AUS
DEM JAHR 1865. HIER WURDE SEPPL HERBERGER AM
28. MÄRZ 1897 IN DER WOHNUNG NR. 171 GEBOREN.

Baden und Schwimmen im Jugendstil

Trotz der verheerenden Zerstörungen im Zweiten Weltkrieg haben zahlreiche bedeutende Jugendstilbauten überlebt, so die Arkadenbauten an der Augustaanlage (1903), die Kunsthalle (1907), die Alte Feuerwache (1912), die (heutige) Friedrich-List-Schule (1914), Banken und Villen vor allem in der Oststadt – sowie das Herschelbad in U 3.

Gegen Ende des 19. Jahrhunderts verfügten nur die Wohnungen wohlhabender Schichten über ein eigenes Badezimmer. Öffentliche Bade- und Waschanstalten für minderbemittelte Personen entstanden in deutschen Großstädten zunehmend ab der Mitte der 1880er-Jahre, initiiert durch die Berliner Hygieneausstellung 1883. Unter einem Bad verstand man damals noch kein Wannen-, sondern ein Brausebad. Das Mannheimer »Zentral-Bad« mit seinen Schwimmhallen geht auf eine Stiftung des Kaufmanns Bernhard Herschel zurück. Herschel, 1837 in Emmerich geboren, gründete 1865 in Mannheim eine Niederlassung seiner in Amsterdam ansässigen Tabakimporthandlung, die ihn zum vermögenden Mann machte und zu einem geschätzten Mäzen werden ließ. Engagiert in der jüdischen Gemeinde und seit 1887 für die Nationalliberalen Mitglied des Stadtrats, stiftete er 1904 für die Errichtung einer Schwimmanstalt 500 000 Mark.

Diese sollte auf einem städtischen Gelände gebaut und von der Stadt betrieben werden. Nachdem die Feuerwehr auf dem Alten Messplatz ein neues Gebäude erhalten hatte und das Quadrat U 3 somit frei geworden war (1912), plante Richard Perrey (1866–1937), Leiter des Hochbauamtes, an dieser Stelle das monumentale Bad. Kriegsbedingt verzögerte sich der Bau, erst im November 1920 und damit 15 Jahre nach dem Tod des Stifters wurde es eröffnet. Es war auf dem neusten Stand der Technik und reichsweit eines der größten Hallenbäder. Auf rund 4500 Quadratmetern verteilten sich die drei Schwimmhallen (Frauen-, Männer- und Volksbad), Wannenbäder, Umkleidekabinen, die Sauna, eine Sonnenterrasse, eine Wäscherei und ein Hundebad. Zu Ehren des Stifters erhielt die Schwimmhalle den Namen Herschelbad.

Unter den Nationalsozialisten, als Juden die Benutzung des Bads verboten war, sollte mit der Umbenennung in »Städtisches Hallenbad« die Erinnerung an eine einst führende Persönlichkeit getilgt werden. Mit Wiedereröffnung 1950 erhielt das Bad seine alte Bezeichnung zurück. Trotz Beschädigungen im Zweiten Weltkrieg und Wiederaufbau in vereinfachter Form haben sich im Gebäude zahlreiche Originaljugendstilelemente erhalten. Das älteste Mannheimer Hallenbad ist auch mehr als 100 Jahre nach seiner Eröffnung ein besonderes Jugendstil-Juwel der Stadt.

▲ Das Herschelbad ist ein prachtvoller Jugendstilbau von 1920. ▼ Original-Jugendstilelemente haben sich im Inneren des Bads erhalten.

1927

Planetarium zeigt »Sternentheater«

Es gibt in Deutschland rund hundert Planetarien, also Gebäude mit einer halbkugelförmigen Kuppel, auf deren Innenfläche Bilder des Sternenhimmels von einem speziellen Projektor erzeugt werden. Vor dem Zweiten Weltkrieg jedoch waren solche Einrichtungen außergewöhnlich und rar. Das bereits 1927 eröffnete Mannheimer »Sternentheater« war das erste kommunale Planetarium und gehört weltweit zu den ersten mit Projektion.

Wie bereits gesehen, hat die Beobachtung des Himmels in der Quadratestadt Tradition. Doch während bei der Sternwarte die realen Himmelskörper beobachtet werden können, simulieren die Planetarien den Sternenhimmel. Ein modernes Planetarium wurde erstmals im August 1924 in Jena eröffnet, es folgten München, Barmen, Dresden, Düsseldorf und Leipzig, bevor am 22. März 1927 im Unteren Luisenpark Wissenschaftlern und der interessierten Bevölkerung das innovative Kuppelgebäude mit seinen 514 Sitzplätzen vorgestellt wurde. Äußerlich machte das 25 Meter hohe weiße Gebäude mit antikem Säulenportal den Eindruck einer Friedhofskapelle, doch innen war es mit modernster Technik ausgestattet.

Die wissenschaftliche Leitung lag bei dem Mathematiklehrer Carl Feuerstein (1887–1964). Ihm blieben nur wenige Jahre, um mit seinen Vorträgen über Atomphysik und Himmelskunde die Besucher zu begeistern, der Krieg beendete seine Tätigkeit, Bombentreffer im Kriegsjahr 1943 beschädigten den Bau schwer. 1953 wurden die Gebäudereste abgetragen. Während die meisten der heute bestehenden Planetarien in den 1960er- und 1970er-Jahren entstanden, eröffnete der heutige Bau am Europaplatz erst im Dezember 1984; er galt in diesen Jahren als modernstes Planetarium Europas. Vorausgegangen war die Gründung des Vereins Mannheimer Planetarium, dessen Vorsitzender Professor Heinz Haber (1913–1990), Physiker und Fernsehmoderator, sich vehement für einen Neubau eingesetzt hatte. Seit 2007 ist dem populären Wissenschaftler im Stadtteil Lindenhof eine Straße gewidmet.

Der pyramidenförmige Neubau mit rundem Kuppelsaal von 20 Metern Durchmesser ist ein Werk des Architekten Wilfried Beck-Erlang (1924–2002), der wenige Jahre zuvor in ähnlichem Stil das Stuttgarter Planetarium entworfen hatte. Der Saal hat 287 Sitzplätze um das versenkbare Projektionsgerät und war bei Eröffnung mit dem weltweit leistungsstärksten Planetariumsprojektor ausgestattet. Dank der Vorträge und der Präsentation eines fast originalgetreuen Abbilds des faszinierenden Sternenhimmels ist das Planetarium ein weiterer Publikumsmagnet am Oberrhein.

▲ Mannheims erstes Planetarium von 1927. ▼ Das heutige, 1984 eröffnete Planetarium.

Mannheim
Planetarium

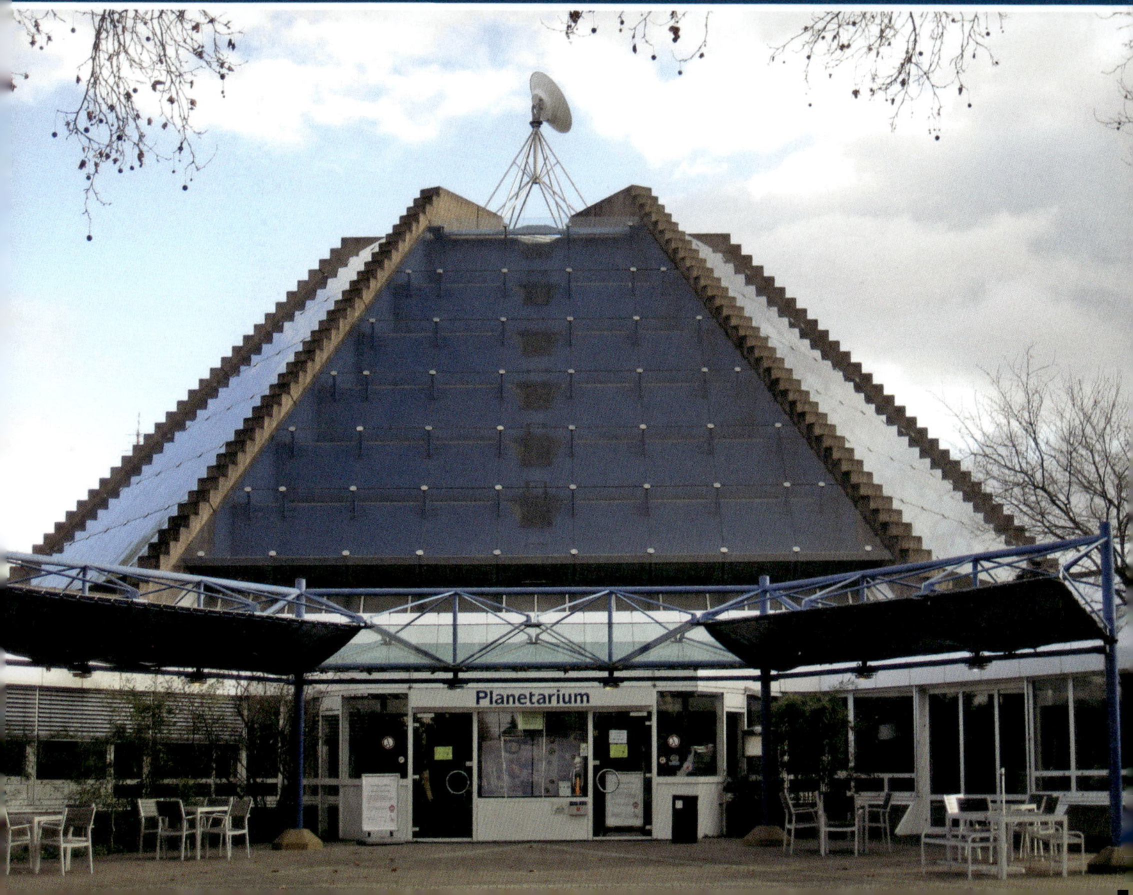
Planetarium

Mannheim Reichsautobahn Die schönste Einfahrt Deutschlands

1935

Erstes deutsches Autobahndreieck

Das Autobahnkreuz, an dem sich die A 6 Nürnberg–Mannheim–Saarbrücken und die A 656 Mannheim–Heidelberg treffen, dokumentiert ein Stück Verkehrs- und Architekturgeschichte, es ist das Ergebnis einer großen Ingenieursleistung und der harten Arbeit Tausender Bauarbeiter.

Zur Vorgeschichte des heutigen Autobahnwesens gehört der 1926 gegründete Verein zur Vorbereitung der Autostraße Hansestädte–Frankfurt–Basel (HaFraBa e. V.), der den Bau einer rund 880 Kilometer langen kreuzungsfreien Straße für den Kraftwagen-Schnellverkehr von Nord- nach Süddeutschland beabsichtigte. Den Begriff »Autobahn« prägte der Bauingenieur und Professor für Eisenbau und Statik Robert Otzen (1872–1934), Vorsitzender der HaFraBa. An den Planungen für den Bereich Mannheim war der städtische Oberbaudirektor Adolf Elsaesser (1887–1962) beteiligt. Zwar gilt als erste Autobahn in Deutschland die 1932 eingeweihte Strecke Köln–Bonn, doch das damalige Autobahndreieck Mannheim ist der älteste Autobahnknotenpunkt.

Unter den Nationalsozialisten wurde der Autobahnbau forciert. Zuständig war Fritz Todt (1891–1942), Generalinspekteur für das Straßenwesen. Bereits im September 1933 war der Spatenstich zum Bau der Reichsautobahn Frankfurt–Mannheim–Heidelberg erfolgt, ein Jahr später begann in Etappen der Ausbau der Trasse Mannheim–Kaiserslautern. Die Strecke von Darmstadt über Mannheim nach Heidelberg wurde am 3. Oktober 1935 für den Verkehr freigegeben. Der Abschnitt zwischen dem heutigen Autobahnkreuz Mannheim und dem Viernheimer Dreieck ist damit der älteste der A 6, die von der tschechischen zur französischen Grenze führt. Das Kreuz Mannheim, etwa sechs Kilometer südöstlich der Innenstadt und zwölf Kilometer nordwestlich von Heidelberg, wurde ursprünglich als Autobahndreieck angelegt, an dem die Zufahrt zum Mannheimer Zentrum abzweigte. Oberbaudirektor Adolf Elsaesser hatte diese erste »kreuzungsfreie Ablenkung« mitgeplant.

Der Umbau zum Autobahnkreuz in Form eines Kleeblatts erfolgte 1968 mit der Weiterführung der A 6 nach Süden. Die Autobahneinfahrt nach Mannheim endete ursprünglich am Adolf-Hitler-Platz, dem heutigen Europaplatz; die letzten Kilometer wurden 1988 herabgestuft und sind seitdem Teil der B 37. Damals galt die repräsentativ gestaltete Strecke als »schönste Einfahrt Deutschlands«; mit dieser Anlage sollte Mannheim als »Geburtsstadt des Automobils« gewürdigt werden. Eine Besonderheit war auch die Raststätte mit Tankstelle am Autobahndreieck.

▲ »Die schönste Einfahrt Deutschlands«, Mannheims erste Autobahn (1935).
▼ Autobahn Mannheim–Heidelberg, Blick auf die Raststätte (1939).

1943

Überleben in Bunkern

Das barocke Stadtbild, das zu Beginn des 18. Jahrhunderts entstanden war, wurde zum großen Teil Opfer des Bombenkrieges zwischen 1940 und 1945. An diese Zeit erinnern bis heute zahlreiche Bunker, die vor dem Krieg zum Schutz der Zivilbevölkerung errichtet wurden.

Ihren ersten Angriff auf Mannheim flogen die Bomber der britischen Royal Air Force am 16. Dezember 1940, bis zum Ende des Krieges folgten weitere 150 Luftangriffe der Alliierten. Das schwerste Flächenbombardement fand in der Nacht vom 5. auf den 6. September 1943 statt. Rund 2000 Sprengbomben, mehr als 350 000 Stab- und Phosphorbomben sowie 150 Luftminen regneten um Mitternacht auf die Innenstadt nieder und vernichteten dabei das Leben von 386 Menschen. Insgesamt starben während des Krieges 2171 Zivilisten; Babys, Schüler, Kranke, Uralte, auch auf Heimaturlaub weilende Soldaten und Zwangsarbeiter.

Die Mannheimer wussten sich einzurichten, ihr Alltag war geprägt durch Alarme und Verdunklungen. Vor allem die Schutzeinrichtungen sorgten dafür, dass die Opferzahl in Mannheim vergleichsweise gering blieb. Ende 1940 hatten hier annähernd 270 000 Einwohner gelebt, bei Kriegsende waren es rund 100 000. Viele waren auf dem Land untergekommen, diejenigen, die blieben, harrten in Luftschutzkellern und Luftschutzbunkern aus. Über das Stadtgebiet verteilt bestanden 56 Bunker (davon 20 Hoch- und 32 Tiefbunker), die insgesamt rund 130 000 Schutzsuchende aufnehmen konnten. Mit einem Fassungsvermögen für 7000 Menschen gehörte der 1941 gebaute Hochbunker in Feudenheim zu den größten Bunkern im Reich.

Nach dem Krieg wurden manche Bauten um- und weitergenutzt, einige stehen unter Denkmalschutz, so der Ochsenpferchbunker in Neckarstadt-West. Anfang 1943 fertiggestellt, war er für rund 3400 Schutzsuchende konzipiert. In den Nachkriegsjahren diente er den amerikanischen Streitkräften als Gefangenenlager, dann zu Wohnzwecken. Nach Umbaumaßnahmen beherbergt der Hochbunker seit 2018 das Stadtarchiv. Unter der Bezeichnung »Marchivum – Mannheims Haus der Stadtgeschichte und Erinnerung« finden hier Vorträge, Lesungen, Ausstellungen statt.

Mit dem Einmarsch der US-Truppen Ende März 1945 endete für Mannheim der Krieg. Zwar war die Innenstadt zu rund 80 Prozent zerstört, doch es hätte noch schlimmer kommen können: Das US-Kriegsministerium hatte den Industrieraum Mannheim/Ludwigshafen als Zielort für einen Atombombenabwurf vorgesehen.

▲ Der Ochsenpferchbunker, einst größter Hochbunker der Stadt, seit 2018 Stadtarchiv (»Marchivum«). ▼ Denkmal für die »Trümmerfrauen« (1995) am Schillerplatz.

TYPISCH MANNHEIM!
STADTGESCHICHTE(N) IM MARCHIVUM MULTIMEDIAL ERLEBEN!
MARCHIVUM

Ricarda Huch
„NICHT ALLE SCHMERZEN SIND HEILBAR,
DENN MANCHE SCHLEICHEN
SICH TIEFER UND TIEFER INS HERZ HINEIN,
UND WÄHREND TAGE UND JAHRE VERSTREICHEN,
WERDEN SIE STEIN."
Frauen haben gelitten und gearbeitet,
um unsere Stadt wieder lebenswert zu
machen.
Wir danken ihnen.
50 Jahre danach im Mai 1995

Gemeinde
Europas
Partnerstädte
STADTMANNHEIM²
Qingdao
China
Swansea
Großbritannien
Toulon
Frankreich
Windsor
Canada
Chisinau
Moldawien
Bydgoszcz
Polen
Klaipeda
Litauen
Zhenjiang
China
Haifa
Israel

1957

Bereichernde Städtebeziehungen

Städtepartnerschaften entstanden nach dem Zweiten Weltkrieg, sie galten der Aussöhnung zwischen den einstigen Kriegsgegnern. Inzwischen unterhält Mannheim Beziehungen zu elf Partnerstädten und zu zwei Freundschaftsstädten. Seit März 2002 ist es Aufgabe des »Fördervereins Städtepartnerschaften Mannheim e. V.«, diese Beziehungen zu fördern, durch Veranstaltungen, Reisen oder Begegnungen.

Im Jahr 1957 wurde Swansea in Wales erste Partnerstadt von Mannheim. Zwei Jahre später unterzeichnete Oberbürgermeister Hans Reschke (1904–1995) eine weitere Urkunde mit Toulon an der Côte d'Azur. 1961 initiierte Kurt Wegner, Bezirksbürgermeister von Berlin-Charlottenburg, Kontakte zu Mannheim. 2004 wurden die eingeschlafenen Beziehungen reaktiviert. Vor allem wirtschaftliche Interessen standen im Vordergrund der Städtepartnerschaft, die Oberbürgermeister Wilhelm Varnholt (1925–1983) 1980 mit Windsor in Ontario, der südlichsten Stadt Kanadas, schloss. Mit gleich sieben Städten unterzeichnete sein Nachfolger Gerhard Widder (geboren 1940) Verträge: 1988, noch zu DDR-Zeiten, kam die Partnerschaft mit Riesa in Sachsen zustande; intensive Begegnungen zwischen den Bewohnern erfolgten nach dem Fall der Mauer 1989.

Eher ungewöhnlich ist die ein Jahr später erklärte Partnerschaft zu Chisinău, Hauptstadt der Republik Moldau. Eine weitere deutsch-deutsche Begegnung brachte die 1991 geschlossene Städtepartnerschaft mit Bydgoszcz (Bromberg) in Polen, von 1772 bis 1920 Teil Westpreußens. Mit Klaipeda an der Kurischen Nehrung in Litauen bestehen seit 2002 offizielle Beziehungen; Kontakte in die Hafenstadt gab es bereits 1915, als die Stadt (Memel) zum Deutschen Kaiserreich gehörte. Eine deutsche Vergangenheit hat auch Qingdao mit sechs Millionen Einwohnern im Osten Chinas. Als Hauptstadt des »Deutschen Schutzgebiets Kiautschou« stand die Hafenstadt, in der bis heute zahlreiche Bauten aus dieser Epoche erhalten sind, unter deutscher Herrschaft. 2016 wurde aus der seit 1995 bestehenden Städtefreundschaft eine Städtepartnerschaft. Ebenfalls im Osten der Volksrepublik liegt die 3000 Jahre alte Stadt Zhenjiang, mit der seit 2004 eine Städtepartnerschaft besteht.

Die letzte Beziehung dieser Art ging Mannheim unter Oberbürgermeister Peter Kurz (geboren 1962) 2009 mit Haifa in Israel ein. Neben diesen offiziellen Städtepartnerschaften existieren Kontakte zu den Freundschaftsstädten El Viejo in Nicaragua (seit 1989) und zu Beyoğlu, einem Stadtteil von Istanbul (seit 2011). Diese Kontakte bereichern das kulturelle, wirtschaftliche, sportliche und gesellschaftliche Leben Mannheims.

Am Stadteingang (hier am Technoseum): ein Hinweisschild auf die Partnerstädte Mannheims.

1971

Cinema Quadrat: Qualitätskino

Das Zeitalter des Kinos, anfänglich Kinematograph oder Lichtspieltheater genannt, begann in Deutschland Ende des 19. Jahrhunderts. Als »Theater der kleinen Leute« bezeichnet, erlebte das Kino bis in die 1930er-Jahre einen Siegeszug. In der Mannheimer Innenstadt und auch in den Stadtteilen existierten zu Beginn des 20. Jahrhunderts zahlreiche Kinosäle.

Die »lebenden Bilder« waren schwarz-weiß und stumm und wurden von Klaviermusik begleitet. Als erstes Lichtspieltheater Mannheims gilt das im Juni 1906 eröffnete Union-Theater in P 6, 20, im Dezember desselben Jahres eröffnete am Marktplatz das Central. Die Preise waren günstiger als der Besuch von Theateraufführungen. Stars der Stummfilmzeit waren Mia May (1884–1980), Henny Porten (1890–1960), Pola Negri (1897–1987), Harry Liedtke (1882–1945). Erst ab 1930 setzte sich der Tonfilm durch.

Von Ausnahmen abgesehen, wurden unter den Nationalsozialisten vornehmlich harmlose Unterhaltungsfilme gezeigt, die der Ablenkung dienen sollten. Naiv und bieder präsentierten sich in den 1950er-Jahren die »Heimatfilme«. Angesichts sinkender Zuschauerzahlen (inzwischen gab es ARD und ZDF und damit das »Heimkino«) versuchten die Kinos Ende der 1960er-Jahre, der »sexuellen Revolution« gerecht zu werden. Da warb etwa das Capitol in der Waldhofstraße für den Film »Der Pornograf von Luxemburg«, und das Palast-Theater an der Breiten Straße zeigte »Zum Beispiel: Ehebruch«. Harmloser klangen da die Titel im Alhambra, P 7, 5: »Die Lümmel von der ersten Bank« mit Theo Lingen, Uschi Glas und Hannelore Elsner sowie »Heintje, ein Herz geht auf Reisen« mit Heintje, dem damaligen Kinderstar aus den Niederlanden. Im Gegensatz zu den anderen Titeln waren diese beiden Filme »frei ab 6 Jahre«.

Anspruchsvolle Filme waren eine Ausnahme. Das änderte sich im Oktober 1971, als mit finanzieller Unterstützung der Stadt das als Verein organisierte Cinema Quadrat seinen Betrieb aufnahm. Es ist das älteste kommunale Kino des Landes und eines der ältesten deutschlandweit. Ansässig in K 1, 2, werden nach dem Motto »Qualität, nicht Quantität« ausländische Produktionen in Originalsprache, Filmklassiker, Festivalsieger oder sozialkritische und zeitgeschichtliche Dokumentarfilme gezeigt. Seit fast drei Jahrzehnten gehören auch die »Schwulen Filmtage« zum vielseitigen Angebot, ebenso Filmseminare und Veranstaltungen für Schulklassen. Eine Besonderheit des nicht-kommerziellen Kinos mit seinen 425 Plätzen sind die Diskussionen im Anschluss an die Vorführungen.

▲ Das Cinema Quadrat besteht seit 1971. ▼ Das Internationale Filmfestival Mannheim-Heidelberg findet hier im Stadthaus N 1, im Cinema Quadrat und in anderen Kinos statt.

KINO
CINEMA QUADRAT
Kommunales Kino Mannheim
Therapie-Kompetenz-Zentrum

IFFMH

ARBEIT & MIGRATION
GESCHICHTEN VON HIER
13.11.2021 – 19.06.2022
TECHNOSEUM

Carlsruhe, den 14. März 1840.
Verordnung.

1990

Technoseum hält Erinnerung wach

Neben der Kunsthalle (seit 1907) und den Reiss-Engelhorn-Museen (seit 1957) gehört das Technoseum zu den großen Museen im Land und zieht Jahr für Jahr Tausende Besucher an. 1990 in unmittelbarer Nähe zum Planetarium und zum Carl-Benz-Stadion eröffnet, hieß es bis Ende 2009 Landesmuseum für Technik und Arbeit.

Wie der ursprüngliche Name andeutet, wird hier nicht einfach Stadtgeschichte präsentiert, sondern ein anschaulicher Spaziergang durch die Industriegeschichte Baden-Württembergs geboten. Immer wieder fasziniert die Dauerausstellung. Sie zeigt unter anderem die Geschichte des Automobils. Themenräume bieten Einblicke von dessen Frühgeschichte über die Fließbandproduktion in den 1920er-Jahren und die Massenmotorisierung in den 1970er-Jahren bis zur Digitalisierung von heute. Diese lehrreiche und zugleich spielerische Herangehensweise an Vergangenheit und Gegenwart trifft auch auf andere Präsentationen zu, etwa die der Mediengeschichte. Während Jugendliche nur so staunen, wie umständlich und unhandlich die Geräte von einst waren, lebt bei Älteren die Erinnerung auf. An kaum einem anderen Ort wird exemplarisch so drastisch und verständlich der soziale, technische und politische Wandel dargestellt.

Die Inszenierung von »Lebenswirklichkeiten« zeigt vor allem eines: Die »gute alte Zeit« war oftmals alles andere als »gut«. Insofern dient das Technoseum als Ort der Gedächtnisbewahrung. Auf rund 8000 Quadratmetern hält es die Erinnerung wach an inzwischen vergessene Bräuche, Namen, Bezeichnungen, Fähigkeiten. Ebenso faszinierend sind die Sonderausstellungen, die auf 1000 Quadratmetern häufig einen regionalen Bezug haben. So ließ die Ausstellung »Arbeit & Migration« (2021/22) erkennen, wie mühsam der Weg war von den ersten italienischen Arbeitnehmern als Miterzeugern des Wirtschaftswunders bis zu den erfolgreichen Unternehmern mit ausländischen Wurzeln; beispielhaft sei hier nur Dario Fontanella erwähnt. 1952 als Sohn italienischer Migranten in Mannheim geboren, gilt er als Erfinder des Spaghettieises (1969).

Großen Einfluss auf die Zeitreise zur Sozial- und Industriegeschichte hat die Architektur des Gebäudes. Entworfen von der Berliner Architektin Ingeborg Kuhler (geboren 1943), ist das Museum in einer »Raum-Zeit-Spirale« erlebbar und zwar von oben nach unten; von außen wirken die sechs Hauptebenen wie schiefe Ebenen. Der anhaltende Erfolg des Technoseums beruht auf der Kombination von »historischem« und »arbeitendem Museum«, wozu auch ein Museumspark gehört.

▲ Einen lehrreichen Gang durch 200 Jahre Landesgeschichte ermöglicht das Technoseum. ▼ Unterhaltsam sind auch die pädagogischen »Mitmach«-Angebote.

Vita

Jörg Koch ist promovierter Historiker, Oberstudienrat in Frankenthal (Pfalz), Stadtrat in Worms und Autor zahlreicher regionaler und überregionaler Bücher. Zuletzt erschienen von ihm »Dass Du nicht vergessest der Geschichte. Staatliche Gedenk- und Feiertage in Deutschland von 1871 bis heute« (Darmstadt 2019), »Die Pfalz. 55 Highlights aus der Geschichte« (Erfurt 2020), »Einigkeit und Recht und Freiheit. Die Geschichte der deutschen Nationalhymne« (Stuttgart 2021), »Rheinhessen. 55 Highlights aus der Geschichte« (Erfurt 2021), »Deutsche Bahnhöfe in historischen Ansichten« (Stuttgart 2021) und »Das Saarland. 55 Highlights aus der Geschichte« (Erfurt 2022).

Impressum

In diesem Buch wird aus Gründen der besseren Lesbarkeit das generische Maskulinum verwendet. Weibliche und anderweitige Geschlechteridentitäten werden dabei ausdrücklich mitgemeint, soweit es für die Aussage erforderlich ist.

1. Auflage 2022

Umschlaggestaltung: Björn Locke Curldesign, Nürtingen.

Layout und Satz: Silke Schüler, München.
Lektorat: Matthias Kunstmann, Karlsruhe.

Printed in Slovenia by Florjancic.

ISBN 978-3-8425-2388-3

Ihre Meinung ist wichtig für unsere Verlagsarbeit. Senden Sie uns Ihre Kritik und Anregungen unter **meinung@silberburg.de**

Besuchen Sie uns im Internet und entdecken Sie die Vielfalt unseres Verlagsprogramms: **www.silberburg.de**

Dank

Der Autor dankt allen Hinweis- und Bildgebern, Peter Becker, Dr. Bernd Braun, Sandra Hellwig-Wehrmann, Miriam Hirth, Sina Karg, Mélissa Karoubi, Albert und Helga Schmitt, Winfried Seidel, Holger Vatter-Schönthal, Claudia Weissert sowie Bettina Kimpel vom Silberburg Verlag und Matthias Kunstmann für die konstruktive Zusammenarbeit.

Bildnachweis

Gemeinfrei: S. 6, 7, 9, 13 oben, 30 oben, 38 unten, 42 oben, 45 oben, 46 oben, 49 links, 50 oben, 54 oben, 58 oben, 65, 66, 70 unten, 73 oben, 77 unten, 81 oben, 85 oben, 86 unten, S. 89 beide, 93 oben, 97 beide, 98 unten, 101 oben rechts, 109 oben, 110 oben.

Archiv Privatbrauerei Eichbaum: S. 26 beide; Automobilmuseum Dr. Carl Benz, Ladenburg: S. 77 oben beide; BASF Corporate History, Ludwigshafen/Rhein: S. 65; Miriam Hirth: S. 25;

Jörg Koch: S. 5, 10, 13 unten, 14 beide, 18, 21 unten, 22, 29, 30 unten, 34 unten, 37, 41, 42 unten, 45 unten, 46 unten, 49 rechts beide, 50 unten, 54 unten, 57 unten beide, 58 unten, 61 beide, 62, 69 beide, 70 oben, 73 unten, 74 unten, 78, 81 unten, 82 oben, unten rechts, 85 unten, 90 beide, 93 unten, 94, 101 oben links und unten, 102 beide, 105 alle, 109 unten, 113 beide, 114, 118 beide, 120;

Landesarchiv Baden-Württemberg, Staatsarchiv Ludwigsburg EL 75 VI a Nr 2426 Bild 1 (2-1130804-1), CC BY 3.0: S. 110 unten; Lanz Archiv / John Deere Forum Mannheim: S. 98 oben; rnv Mannheim, Abt. Marketing: S. 74 oben; Stadt Worms (Städtische Gemäldegalerie): S. 33 unten beide.

Wikimedia Commons: Gemeinfrei: S. 17 oben, 33 oben, 34 oben, 53, 57 oben, 82 unten links; Altera levatur, CC BY-SA 4.0: S. 17 unten; Rolf Kickuth, CC BY-SA 4.0: S. 21 oben; Hubert Berberich, CC BY 3.0: S. 106 oben; Immanuel Giel, gemeinfrei: S. 39 oben; Nanosmile, CC BY 2.0 de: S. 86 oben; Mr Marc, CC BY-SA 3.0: S. 106 unten; New Film Experience, CC BY-SA 4.0: S. 117 beide.

Coverbilder: Hauptbild: Mannheim, Wasserturm, © MBL1, Shutterstock; Bildleiste unten von links nach rechts: Mannheimer Hafen, Wikimedia Commons, gemeinfrei; Mannheimer Schloss, Ehrenhof, © Stefanie Eichler, Wikimedia Commons, CC BY-SA 3.0; Benz Motorwagen 1885, gemeinfrei; Hintergrundbild: Matthäus Merian, Topographia Sueviae, Mannheim 1645, gemeinfrei; Freisteller: Fernmeldeturm Mannheim, gemeinfrei.

Literaturhinweise

E. A. Brockhaus Verlag (Hg.): Mannheim. 400 Jahre Quadratestadt – das Lexikon, Mannheim/Leipzig 2006.

Volker Keller: Alt-Mannheim vor 100 Jahren. Ein Stadtbild im Wandel, Mannheim 2014.

Adolf Kistner: Die Pflege der Naturwissenschaften in Mannheim zur Zeit Karl Theodors, hg. vom Mannheimer Altertumsverein, Mannheim 1930.

Stadtarchiv Mannheim / Institut für Stadtgeschichte u. a. (Hg.): Mannheim und seine Bauten. Nachdruck der Originalausgabe von 1906, Mannheim 2014.

Ernst Leopold Stahl: Mozart am Oberrhein, Straßburg 1942.